»Wer Cornwall und seine Bewohner verstehen will, muss auf seine Vorstellungskraft zurückgreifen und eine Reise in die Vergangenheit antreten.«

Daphne du Maurier, Vanishing Cornwall

*So manches Mal fluchte der Fotograf **Franz Marc Frei** aus München über das englische Wetter. Doch die Hoffnung auf spektakuläre Lichtstimmungen und dramatische Wolkenlandschaften blieb. Und er hat durch diese Produktion den Himmel neu entdeckt.*

*Die in Hannover lebende Reisebuchautorin **Susanne L. Born** mag die kulturelle Vielfalt Bristols ebenso wie die entspannte Stimmung in einem Pub in Cornwall oder die mitreißende Atmosphäre beim Pferderennen.*

Liebe Leserinnen, liebe Leser!

Gute Einschaltquoten sind garantiert, wenn wieder einmal die Verfilmung eines Rosamunde-Pilcher-Romans über die Bildschirme flackert. Viele der Zuschauer sehen die „Pilcher-Filme" nicht zuletzt deshalb mit Begeisterung, weil sie wunderschöne Landschaftsaufnahmen von Cornwall zeigen – denn dort spielen fast alle Geschichten der britischen Bestsellerautorin (die selbst in Schottland lebt!).

Auf den Spuren britischer Erfolgsautorinnen

Ohne Frage: Cornwall, der südwestlichste Zipfel Großbritanniens, ist ein zauberhaftes Idyll mit grandiosen Küstenlandschaften, prächtigen Herrensitzen, hübschen Fischerdörfern und lauschigen Plätzen wie den Bedruthan Steps. Was Rosamunde Pilcher an geglücktem Marketing für Cornwall ist, verkörpert Agatha Christie für Devon. Hier führt der Literary Trail entlang der „Englischen Riviera" zu 20 Krimischauplätzen. Und es sind nicht wenige, die der „mörderischen Tour" folgen und sich auf die Spuren der beiden Romandetektive Miss Marple und Hercule Poirot begeben. Mehr über die Erfolgsautorinnen und die Schauplätze ihrer Werke erfahren Sie im DuMont Thema auf S. 92 ff.

Geheimnisvolle Zeugen aus der Vergangenheit

Ganz anderen Geheimnissen kommt man weiter im Osten auf die Spur. Einer meiner Lieblingsorte in Südengland ist der Steinkreis von Stonehenge. Bis heute gibt die vor Jahrtausenden entstandene Megalithanlage Rätsel auf. Womöglich verbirgt sich bei dem magischen Kreis ein riesiges Areal mit weiteren Kultstätten, die noch auf ihre Freilegung warten (s. S. 51). Apropos „Freilegung": Unsere Autorin Susanne L. Born hat ein neues Hobby für sich entdeckt – die Fossiliensuche an der Küste von Sussex. Wenn Sie sich auch auf Fossilienjagd begeben möchten, folgen Sie ihrem „Aktiv-Tipp" auf S. 37.
Herzlich

Ihre

Birgit Borowski

Birgit Borowski
Programmleiterin DuMont Bildatlas

Impressionen

. . . .

. . . .

Kent und Sussex

. . . .

Hampshire und Wiltshire

Dorset

UNSERE FAVORITEN

Best of ...

. . . .

78 Was wäre England ohne Pferderennen? Auch wenn Wetten nicht jedermanns Sache sind, für einen Blick in die englische Volksseele taugt ein Rennbahnbesuch hervorragend.

DuMont Aktiv

Genießen   Erleben   Erfahren

Topziele

Die bedeutendsten Sehenswürdigkeiten Südenglands und Erlebnisse, die keinesfalls versäumt werden sollten, haben wir auf dieser Seite zusammengestellt. Auf den Infoseiten sind sie jeweils als **TOPZIEL** *gekennzeichnet.*

NATUR

1 Zu Besuch bei Sieben Schwestern: Die weißen Klippen der Seven Sisters und Beachy Head sind ein wunderbares Spazierrevier, in dem einem so manche Versteinerung zu Füßen liegen kann. **Seite 37**

2 Die ganze Welt unter einem Dach: Unter den Kuppeln und in den Gärten des Eden Project bei St. Austell lässt sich auch exotische Natur erleben. **Seite 113**

3 Inselchen im Golfstrom: Die Isles of Scilly bieten ganzjährig Frühling, ein mediterranes Klima und tropische Vegetation. **Seite 115**

ERLEBEN

4 Heiße Bäder in Bath: Vom Pool des großen Bäderkomplexes Thermae Bath Spa lässt sich der Blick über die ganze Stadt und die hügelige Umgebung genießen. **Seite 82**

5 Durch endlos scheinende Weiten: Hunderte Kilometer schöne Wanderwege durchziehen die als Nationalpark geschützten Moorlandschaften Exmoor und Dartmoor. **Seite 83 und 99**

KULTUR

6 Im Land der Kathedralen: Die Gotteshäuser von Canterbury, Salisbury, Wells und Exeter sind sich in vielem ähnlich, jedes einzelne aber ist einen Abstecher wert. **Seite 35, 51, 82 und 97**

7 Exotik in Brighton: Der Royal Pavilion spiegelt das globale Selbstverständnis englischer Könige und gehört zum flirrenden Seaside-Flair des Badeortes. **Seite 36**

8 Mysteriöses Stonehenge: Bis heute liegt der Sinn des uralten Steinkreises im Dunkeln, was seine Attraktivität allerdings ungemein zu erhöhen scheint. **Seite 51**

9 Maritimes Portsmouth: Im Historic Dockyard bleiben die Zeiten britischer Herrschaft über die Weltmeere lebendig. **Seite 53**

10 Edler Landsitz bei Torquay: Agatha Christies imposanter und luxuriöser Sommersitz Greenway House diente als Vorlage und Inspiration für viele ihrer spannenden Romanszenen. **Seite 98**

Aktiv sein – nichts leichter als das

Wanderwege, beispielsweise der 1000 Kilometer lange South West Coastal Path, durchziehen den gesamten Südwesten Englands. Sie ermöglichen herrliche Aussichten wie hier auf den Porthbeor Beach. Aber auch andere sportliche Aktivitäten stehen hoch im Kurs. Und wer nur zuschauen möchte: Fußball, Rugby, Pferderennen, Cricket oder Polo sind allesamt englischen Ursprungs.

Sehenswürdigkeiten aus 5000 Jahren

Parks und Gärten, Schlösser und Herrensitze, Museen und Galerien – eine Fülle Sehenswertes aus Vergangenheit und Gegenwart wird präsentiert. Darunter sind Kunsttempel wie der Ableger der Londoner Tate Gallery in St. Ives, Römisches in Bath (Foto: Bad mit Abteikirche im Hintergrund) und schwer Erklärliches wie der weltberühmte Steinkreis Stonehenge.

Das britische Pfund ist hier die Natur

Steile Klippen, saftige Wiesen, grüne Landschaften – in Südengland trifft man auf viel Natur. Mit dem Auto geht es auf schmalen Straßen durch Tunnel aus hohen Hecken, um irgendwann an einem umtosten Hafenbecken anzukommen. Die grandiose Küste mit den weißen Klippen von Dover (Foto) begrüßt Besucher, die auf dem Wasserweg anreisen. Weiter westlich erwarten die Reisenden sogar frühlingshaftes, mediterranes Klima und tropische Vegetation.

Prachtvolle Kulissen

....

Im Süden Englands wimmelt es von Märchen-
schlössern, von Burgen mit Wassergräben
und zauberhaften Gartenanlagen. Dort locken
vielfältige Veranstaltungen: Lesungen, Ausstellungen, Jazz- und Klassikkonzerte oder
Theateraufführungen (Foto: Scotney Castle).
Die schönsten Dörfer dienen als Drehorte für
Pilcher-Verfilmungen, zwischen den Ruinen
entstehen Historiendramen, etwa über König
Artus, dessen Mythos bis heute lebendig ist.

Seit jeher wird vom und mit dem Meer gelebt

Südengland ist traditionell ein Seefahrerland: Die Expeditionen von Sir Francis Drake, James Cook und Sir Walter Raleigh nahmen hier ihren Ausgang. Auch die Pilgrim Fathers brachen von Südengland in die „Neue Welt" auf. Die Luxusliner der neuesten Kreuzfahrtschiff-Generation legen von Southampton ab, Marinewerften sind in vielen Häfen zu finden. Weymouth (Foto) ist eines der vielen Seglerpardiese im Süden.

Allerorten Zeugen
einer großen Vergangenheit

In Südengland wandelt man unweigerlich auf
den Spuren der Vergangenheit. Steinerne Zeug-
nisse wie Ruinen, Schlösser, Kathedralen und
mittelalterliche Ortschaften sind allgegenwärtig.
In Rye spaziert man durch kopfsteingepflasterte Gässchen und entdeckt Gänge, die einst
Schmugglern als geheime Fluchtwege dienten.

Die außergewöhnlichsten Museen

Skurriles und Kurioses

Ausgefallenes, Abseitiges und „Schräges" liegt den Engländern quasi in den Genen. So findet man neben den großen Kunsthallen und schicken Galerien auch Museen und Ausstellungen zu ungewöhnlichen Themen. Also auf zu den Adressen, die garantiert Absurdes, Außergewöhnliches, Skurriles, Erschreckendes, auf jeden Fall aber Interessantes zu bieten haben!

3 Teapot Island

Sue Blazye verwandelte das kleine Café aus den 1950er-Jahren in das größte Teekannenmuseum der Welt. 6700 Kannen mit einem Gesamtwert von 120 000 £ haben sich hier mittlerweile angesammelt. Immer gern gesehen: die Teekannen mit Princess-Diana-Profil und solche in Form von Hollywood-Stars. Natürlich wird hier auch Tee serviert – allerdings leider nicht stilecht als Aufguss mit losem Tee, sondern ganz schnöde aus dem Teebeutel.

Teapot Island, Hampstead Lane, Yalding, Maidstone, Kent, www.teapotisland. com, April–Okt. Mo.–Fr. 10.00–16.00, Sa., So. 9.00 bis 17.00, restliches Jahr Sa., So. ab 10.00 Uhr

1 Dog Collar Museum

Ein Highlight für Hundeliebhaber: Das einzige Hundehalsbandmuseum in England enthält die Privatsammlung von Gertrude Hunt. Sie vermachte dem Leeds Castle Halsbänder in allen Formen und Größen aus fünf Jahrhunderten. Die Ausstellungsstücke reichen vom martialisch aussehenden Stachelhalsband aus dem Mittelalter über Halsbänder für Jagdhunde am Hof Ludwigs XIV. bis zum perlenbesetzten Lederhalsband für den anspruchsvollen Fiffi aus der jüngeren Vergangenheit. Hunde mitzubringen ist übrigens nicht erlaubt!

Dog Collar Museum, Leeds Castle, Maidstone, Kent, www.leeds-castle.com/ Attractions/The+Dog+ Collar+Museum tgl. ab 10.00 Uhr

2 Museum of Witchcraft

Durch Harry Potter und J. R. R. Tolkien liegen Zauberei und Hexerei in England im Trend. Wer in die Materie eintauchen möchte, sollte in diesem Museum einen Stopp einplanen. Alles was mit der Kunst der Magie zu tun hat, ist hier zusammengetragen worden. Zart Besaitete sollten besser vor der Tür bleiben. Es gibt z. B. Voodoo-Puppen, getrocknete Katzen und benutzte Giftspritzen zu sehen. Familien mit Kindern werden gewarnt: „People with children of a sensitive disposition are warned that some of the exhibits are controversial."

Museum of Witchcraft, The Harbour, Boscastle, Cornwall, www.museumofwitch craftandmagic.co.uk, Mo.–Sa. 10.30 bis 18.00, So 11.30–18.00 Uhr

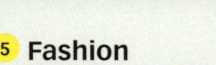

5 Fashion Museum, Bath

Für jede angehende Mode-designerin ist ein Besuch im Modemuseum ein Muss. Aktuelle Trends sind hier ebenso aufzuspüren wie Kostüme aus Hollywood-Spielfilmen. Das einzige Gewand hinter Glas ist die Kleidung von Jack Sparrow aus „Fluch der Karibik". Die Sammlung beinhaltet mehr als 70 000 Objekte, von denen ca. 3000 ausgestellt werden. Das Museum legt den Schwerpunkt auf die Präsentation der Entwicklung der „modischen westeuropäischen" Kleidung. Meist gibt es zusätzlich hervorragende Sonderausstellungen (z. B. zu oscarprämierten Kostümen).

Fashion Museum, Assembly Rooms, Bennett Street, Bath, Somerset, www.museumofcostume.co.uk, tgl. 10.30–16.00 Uhr

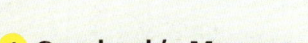

6 Overbeck's Museum

Otto Overbeck war ein exzentrischer Chemiker und Erfinder, der in seinem Landhaus ein Sammelsurium an Skurrilitäten ausstellte. Bekannt wurde er vor allem durch sein „Polyphon", eine gigantische viktorianische Musikbox, und den „Rejuvenator", der mittels Stromstößen Krankheiten heilen sollte. Beide Objekte sind im Museum zu finden. Halbstündlich gibt es eine musikalische Vorführung mit einem alten Plattenspielschrank, der in Leipzig gebaut wurde.

Der exotische Garten mit Ausblick auf die Flussmündung von Salcombe ist dicht mit subtropischen Gewächsen bepflanzt – ein erquickender Anblick nach dem durchaus anstrengenden Marsch bis zum außerhalb gelegenen Museum. Wer mag, kann sein Energielevel mit einem köstlichen Cream Tea wieder anheben.

Overbeck's, Sharpitor, Nähe Salcombe, Devon, www.nationaltrust.org.uk/overbecks, tgl. 11.00–17.00 Uhr

4 Rupert Bear Museum

Einen bärenstarken Auftritt hat Rupert Bär in diesem Museum in Canterbury. Seine Schöpferin, die Buchillustratorin und Pilotin Mary Tourtell, kam aus Canterbury und verbrachte hier auch den größten Teil ihres Lebens. Rupert Bär erblickte 1920 in der Tageszeitung Daily Express als Comic-Figur das Licht der Welt. „Die Abenteuer eines kleinen verlorenen Bären", die dieser mit seinen Freunden Ping Pong, Freddy, Frieda und Bill Dachs erlebt, erscheinen in dieser Zeitung noch heute als beliebter Fortsetzungs-Cartoon.

Museum of Canterbury with Rupert Bear Museum, Stour Street, Canterbury, Kent, www.canterbury-museums.co.uk, tgl. 10.00 bis 17.00 Uhr

Weithin ländliches Idyll

Ein wenig altmodisch ist sie, die typisch englische Countryside der Grafschaft Kent. Und genau das macht sie so attraktiv – mit den vielen Gärten, dem Duft nach Rosen und Erdbeerminze und der umtriebigen Kathedralenstadt Canterbury. Sussex hingegen trumpft mit einer selbstbewussten Großstadt am Meer auf: Brighton wirkt wie SoHo im Kleinformat, nur ist die Luft besser.

Der Pier von Eastbourne erinnert an Zeiten,
als sich der Badeort als Ziel für „Gentlemen" verstand.

Blick von Eastbournes Pier auf die bald fünf
Kilometer lange Promenade, gesäumt von vikto-
rianischen Hotelfassaden (oben links).
Die der Gottesmutter geweihte Kirche von Rye geht
auf normannische Zeiten zurück (oben rechts).
Der „Ypres Castle Inn", in Rye seit Jahrhunderten als
„The Wipers" bekannt, besitzt einen schönen Garten
(unten rechts).
Die Seven Sisters genannte Kreidefelsenküste
zwischen Seaford und Eastbourne (unten links)

An einem regnerischen Tag im Juli 1909 waren die Hotels entlang der Küste bei Dover ausgebucht, denn in Sichtweite der weißen Küstenfelsen nahm die englische Geschichte eine einschneidende Wendung: Alle schauten gespannt gen Himmel, als der Franzose Louis Blériot als erster Mensch den Ärmelkanal mit einem Flugzeug überquerte. Der Flug dauerte 37 Minuten und brachte dem mutigen Pionier einen Geldsegen von 1000 Pfund Sterling ein. Diesen Tag bezeichnen die Engländer als letzten Tag ihrer „Sicherheit als Inselvolk". Den Klippen von Dover kam schon immer große Symbolwirkung zu. Hier wurden Invasionen begonnen und Schlachten geplant.

In Sichtweite der weißen Küstenfelsen nahm die englische Geschichte eine einschneidende Wendung.

Die meisten Besucher reisen heute per Flugzeug oder durch den Eurotunnel an und nehmen die Klippen gar nicht mehr wahr. Die Küstenstadt Dover, als langweilig und gesichtslos charakterisiert, bleibt ebenfalls oft unbeachtet. Mit dem Auto geht es schnurstracks hinein in die Grafschaft Kent, „den Garten Englands", wo sich zahlreiche adlige Landsitze reihen. Die Countryside wirkt wie aus einem Bilderbuch: Ausgedehnte Landschaften, sanfte Hügel und bewaldete Täler laden zum Picknicken ein. Ein Sprachengewirr schallt durch Canterbury, denn Besucher aus aller Welt bewundern die alten Stadtmauern, das robuste Fachwerk und die mächtige Kathedrale der Stadt. Der ganzjährig besuchte Ort absorbiert eine Flut von Touristen und hat seinen Weg in die

Durch das im 16. Jahrhundert errichtete Christ-Church-Gate gelangt man zum Areal der Kathedrale von Canterbury.

Üppig verziert: Grab des Erzbischofs Chichele in der Kathedrale von Canterbury

Blick auf den Chor der Kathedrale von Canterbury, entstanden unter dem Einfluss der französischen Gotik

Straßenmusiker auf dem Long Market in Canterbury: In der nach Kriegsschäden wiederhergestellten Einkaufsmeile wurden römische Baureste ausgegraben.

Special

Vita Sackville-West

Die schreibende Gärtnerin

Vita Sackville-West (1892–1962) litt unter der Demütigung, als Tochter den Familiensitz Knole House nicht erben zu können. Die aristokratische Herkunft bot ihr dennoch viele Vorzüge. Zahlreiche hingebungsvolle Beziehungen zu Frauen, u. a. mit der Schriftstellerin Virginia Woolf, ihre unorthodoxe Ehe mit Harold George Nicolson, der Erfolg als Autorin und als Gärtnerin machten sie zu einer faszinierenden und charismatischen Figur.

In Sissinghurst ließ sie einen der schönsten Gärten Englands anlegen und teilte das Gelände in zehn abgeschlossene Gartenräume ein. Einer war alten Rosenzüchtungen vorbehalten, ein anderer Kräutern. Ihr Geruchssinn galt als phänomenal, konnte sie doch jedes Kraut mit geschlossenen Augen bestimmen. Über 14 Jahre lang schrieb sie eine Kolumne im „Observer" und ließ ihre Leser so am Entstehen der herrlichen Anlage teilhaben.

Der Doppelturm von Sissinghurst

Wenn sie in ihrem vier Hektar großen Garten spazieren ging, trug sie ihre typische Gartenkleidung: weiße Spitzenbluse, Perlenkette, Breeches und Schnürstiefel. Zum Schreiben und Lesen zog sich die Autorin in den Doppelturm von Sissinghurst Castle zurück, von wo sie bei gutem Wetter bis nach Canterbury blicken konnte. Meist schrieb sie eine Zeitlang wie besessen, um dann wieder in die Glamourwelt von London abzutauchen.

Zukunft gefunden. Der beste Beweis ist das renommierte, jährlich stattfindende Kunstfestival mit den aufsehenerregenden Musik-, Film- und Tanzvorführungen.

Historie zum Anfassen

Ein klitzekleines Städtchen in Sussex nimmt einen bedeutenden Platz in der englischen Geschichte ein: Da, wo heute Battle („Schlacht") liegt, gelang dem französischen Herzog der Normandie, Wilhelm dem Eroberer, im Jahr 1066 der entscheidende Sieg über den angelsächsischen König Harold, der in der Schlacht zunächst ein Auge und dann sein Leben verlor.

In den Straßen von Hastings riecht es nach Fisch. Etliche Kochschulen haben sich auf die Zubereitung von Fisch- und Meeresfrüchtegerichten, vor allem von Venusmuscheln, spezialisiert. Der Grund: Der Fischfang hat hier eine sehr lange Tradition, und Hastings besitzt Englands größte Fischereiflotte. Lediglich das Schloss, von dem nur noch Ruinen zu sehen sind, erinnert an die bedeutende mittelalterliche Geschichtswende. Wilhelm der Eroberer hatte etwa zehn Kilometer nordöstlich seinen Herrschaftssitz errichtet, bot Hastings doch einen guten Hafenplatz und damit für alle Fälle Rückzugsmöglichkeiten.

Auch die Kirche von Goudhurst, westlich von Sissinghurst gelegen, geht wohl auf normannische Zeiten zurück. Leeds Castle ist für seine schwarzen Schwäne bekannt.

Pashley Manor mit seinem Garten liegt südlich von Scotney Castle bei Ticehurst.

Scotney Castle, südlich von Royal Tunbridge Wells, hat seinen Ursprung in einer mittelalterlichen Burg aus dem 14. Jahrhundert und dient folkloristischen Veranstaltungen als Kulisse.

In Kent, dem „Garten Englands", reihen sich adlige Landsitze.

Der Royal Pavilion in Brighton ist untrennbar mit dem verschwenderischen, politisch eher bedeutungslosen König Georg IV. verbunden, Galionsfigur der Kunstepoche des Regency. Äußerlich an indischen Palastbauten orientiert, galt der Royal Pavilion bereits zu seiner Bauzeit 1822 als überaus exotisch.

Im quirligen Altstadtviertel The Laines reihen sich die gastlichen Stätten, darunter „The Pump House und „The Druids Head".

Vor allem auch abends ein Anziehungspunkt in Brighton: der 521 m
lange Pier, den 13 300 Glühbirnen ins rechte Licht rücken.

Brighton ist der Inbegriff eines englischen Seebades und gilt als sonnigster Ort Großbritanniens.

Richtig mittelalterlich mutet dagegen Rye an, das im Verlauf seiner Geschichte mehrfach zerstört und wieder aufgebaut wurde. Dort streift man durch kopfsteingepflasterte Gassen und kann Gänge entdecken, die einst Schmugglern als Fluchtwege dienten. Unwiderstehlich romantisch ist auch Arundel. Das attraktive Städtchen mit seiner Kathedrale, einem skurril anmutenden Märchenschloss und steilen Straßen, an denen sich kleine Restaurants, Cafés und Antiquitätenläden aneinanderreihen, dient regelmäßig als Drehort für Historienschinken.

Orte des Hedonismus

An der Promenade von Eastbourne klappen „Best Ager" die Liegestühle auf, entspannen sich im milden Sonnenschein und wippen rund um den Musikpavillon zu den Klängen der Jazzband mit den Füßen. Das Meer mit dem Kieselstrand, die Arkaden-Promenade, das alles hat seinen Reiz. Wer es jedoch modern und kosmopolitisch mag, macht sich auf ins lebhafte Brighton.

In seiner Dissertation über die wohltuende Wirkung des Meerwassers riet Doktor Richard Russell, man solle nicht nur darin baden, sondern es auch trinken. Sein „Führer zu Trink- und Badekuren" wurde 1804 zum Bestseller.

Alle englischen Badeorte waren darin aufgeführt. Den zweitgrößten Eintrag inklusive Stadtplan und ausfaltbarer Ansichtskarte hatte Brighton. Es ist der Inbegriff eines englischen Seebades und gilt als sonnigster Ort Großbritanniens. Nach dem Zusammenschmelzen mit dem Nachbarort heißt die Stadt mittlerweile „Brighton & Hove", zum Baden ist es aber die meiste Zeit im Jahr zu kalt, und getrunken wird das Wasser schon gar nicht. Von oben wirkt Brightons Regency-Architektur wie das Werk eines Zuckerbäckers, und der Royal Pavilion ähnelt einem Puppenhaus. Vor Sonnenuntergang lässt sich in den Wintermonaten ein ungewöhnliches Schauspiel beobachten: Über dem Gerippe des Westpiers führen Tausende Stare auf ihrem Weg nach Süden einen minutenlangen Tanz auf.

Seit König Georg IV. als Prinzregent hier seinen Partypalast, den Royal Pavilion, bauen ließ, ist Brighton ein Ort des Hedonismus und der schönen Künste – und damit Anziehungspunkt für Exzentriker, Designer, Künstler. In den Pubs sitzen Schauspieler neben Drag Queens, Yuppies neben Fischern, Familien neben Studenten. Glamour und Alltag, Zuckerwatte und Bescheidenheit liegen in Brighton bis zum heutigen Tag dicht beieinander.

Die besten Bauernmärkte

Gutes direkt von Feld und Weide

Es ist das pure Vergnügen, über die südenglischen Märkte zu schlendern und regionale Delikatessen wie kornische Porcini-Pilze, Austern aus Whitstable oder geräucherte Makrele aus Brixham zu kosten. Jede Stadt und jedes Dorf hat einen Markt, auf dem man die typischen Aromen dieser Gegend entdecken kann. Nebenbei lernt man auch die Produzenten kennen: die Bauern, Gärtnerinnen, Bierbrauer und Imker haben immer etwas Interessantes zu erzählen.

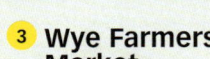

1 St. Nicholas Market

Rund um den überdachten St Nicholas Market hat sich eine eigenständige urbane Gastroszene entwickelt. Die Betreiber der Lokale können hier fast täglich die besten Zutaten morgens frisch kaufen und sofort verarbeiten. Das Street Food an den fest installierten Marktständen ist köstlich, dazu wird Craft Beer oder Holunderblütenlimonade getrunken.

St Nicholas Market, All Saints Lane, Bristol, www.stnicholasmarketbris tol.co.uk, Mo.–Sa. 9.30 bis 17.00 Uhr

2 The Goods Shed

Der Markt findet in einem ehemaligen Bahnhof aus Königin Victorias Zeiten statt. Es gibt Wein, Käse, Gemüse, Geflügel, Wild und Obst aus der Region zu kaufen. Im „Rafael's" wird ausschließlich frisch mit den Produkten gekocht, die auf dem Markt angeboten werden. In dem Restaurant bekommt man auch ein überaus leckeres Frühstück.

The Goods Shed, Station Road West, Canterbury, www.thegoodsshed.co.uk Di.–Sa. 9.00–19.00, So. 10.00–16.00 Uhr

3 Wye Farmers Market

Der älteste Bauernmarkt in der Grafschaft Kent war eine Idee des Umweltaktivisten Richard Boden. Zwischen Brot und Kuchen, Käse, Schokolade, Honig und Blumen treten Bands und Theatergruppen auf. Tipp: Die Marmeladen und Chutneys, alle garantiert „homemade", eignen sich wunderbar als Mitbringsel aus einem Südengland-Urlaub.

Wye Farmers' Market, The Green (Ortszentrum), www.wyefarmersmarket.co.uk, jeden 1. und 3. Sa. im Monat 9.00–12.00 Uhr

4 Tavistock Farmers Market

Die Pasteten von Pyman's, der Cider sowie die verschiedenen Backwaren und Brotarten können auf dem Tavistock Farmers' Market vor Ort verkostet werden. Regelmäßig finden hier sogar Kochvorführungen statt. Und im Juni heißt es aufgepasst: Die Erdbeeren von Lifton Strawberry Fields sollen die besten in ganz England sein – ein heißer Tipp für alle, die zu dieser Zeit hier sind. Auf dem größten Markt im Südwesten sind generell auch eine Harfinistin und eine Jazzband im Einsatz. Auch wer nichts kaufen möchte, wird von der geselligen, fröhlichen Atmosphäre begeistert sein!

Tavistock Farmers' Market, Tavistock, Devon, www.tavistockfarmers market.com, jeden 2., 4. und 5. Sa. im Monat 9.00–14.00 Uhr

5 Taunton Farmers Market

5 Taunton Farmers Market

Eine Kooperative aus regionalen Gemüsegärtnern und Bauern bietet einmal pro Woche an 25 Marktständen selbst erzeugte Bioprodukte an. Das Besondere: Hier gibt es eine exzellente indische Küche mit Gerichten zum Mitnehmen oder auch zum Verzehr direkt vor Ort. „Saffrons Kitchen" verarbeitet ausschließlich Produkte vom Markt, und sogar die Gewürzmischungen stammen aus eigener Fertigung.

Taunton Farmers' Market, Taunton High Street, Taunton, www.taunton farmersmarket.co.uk, jeden Do. 9.00–15.00 Uhr

6 St. Giles Farmers Market

Im Zentrum des Ortes Shipbourne, in und vor einer Kirche aus dem 11. Jahrhundert, findet ein Direktverkauf von den Produzenten an die Konsumenten statt. Geräucherter Fisch, Käse, Champignons, eingelegtes Gemüse (die berühmten Pickles) und Brot sind im Angebot. Der kleine Markt hat Charme und Persönlichkeit. Hier tauscht man gern Rezepte aus – so kommen auch Fremde ganz schnell ins Gespräch mit der einheimischen Bevölkerung.

St Giles Farmers' Market, St Giles Church, Stumble Hill, Shipbourne, www. kfma.org.uk, Do. 9.00 bis 11.00 Uhr

7 Bristol Slow Food Market

Hier kann man es sich so richtig gut gehen lassen, denn es wird gebacken und gebrutzelt, was das Zeug hält, etwa an der „Raw bar" mit Austern und Venusmuscheln Shrimps und gegrillten Sardinen. Von den Ständen leuchten alte Tomatensorten und duftet frisches Brot, Käsereien stellen ihr Handwerk vor. Auch „Urban Gardening" ist ein Thema: Kartoffel-, Paprika- und Gurkenpflanzen für Privatgärten finden reißenden Absatz.

Bristol Market, Corn Street, www.visitbristol.co.uk, Mi. 9.30–14.30, spezieller Slow-Food-Markt jeden 1. So. im Monat 10.00–15.00 Uhr

8 Winchester Farmers Market

Für den größten Markt in der Grafschaft Hampshire gelten strikte Vorgaben: An den etwa 100 Ständen dürfen nur Produkte verkauft werden, die innerhalb der Grafschaft gewachsen sind, verarbeitet oder gefangen wurden. Im September ist „Hampshire Hog Day". „Hog", also das Schwein, ist nicht nur das Symbol der Grafschaft, sondern auch eine gern verzehrte Spezialität. Probiert werden dürfen etwa lang gegarter Schweinebraten, Bacon und geräucherte Schweinerippchen.

Middle Brook Street, Ecke Middle Brook Street Car Park, Winchester, Hampshire, www.hampshire farmersmarkets.co.uk, jeden 2. und letzten So. im Monat

Klippen, Burgen und Gärten

Die Grafschaften Kent und Sussex laden zu vielseitigen Touren ein. Legendär sind die Gärten von Sissinghurst. Die Kathedralenstadt Canterbury präsentiert sich modern, das kosmopolitische Brighton hat einen ganz eigenen Reiz. In Hastings entdeckt man englische Geschichte, und die weißen Klippen von Dover bitten zum Fototermin.

❶ Canterbury

Canterbury (55 000 Einw.) ist eine der ältesten Städte Englands, bietet einen attraktiven Mix aus mittelalterlicher Stadt und modernem Lifestyle. Die Kathedrale ist das Zentrum des alten Stadtkerns. Der Erzbischof von Canterbury steht an der Spitze der Anglikanischen Kirche und krönt die englischen Könige.

SEHENSWERT

Die **Canterbury Cathedral** TOPZIEL wurde 597 vom Papstgesandten und Missionar Augustinus gegründet. Im Jahr 1170 wurde Erzbischof Thomas Becket dort ermordet und später heiliggesprochen. Das Gotteshaus ist einer der meistbesuchten Wallfahrtsorte Englands (The Precincts, www.canterbury-cathedral.org, Mo.–Sa. 9.00–17.00, So. 12.30–14.30 Uhr). Wie die Benediktinerabtei **St. Augustine's Abbey** aus dem 6. Jh. und die kleine **St. Martin's Church** (www.martinpaul.org), älteste Kirche Englands (6. Jh.), ist die Kathedrale Welterbestätte der UNESCO. Die Besucherattraktion **Canterbury Tales** ermöglicht eine Zeitreise ins Mittelalter mit allen Sinnen. Grundlage bilden die „Canterbury Tales", Erzählungen aus dem Alltag im 14. Jh., verfasst von Geoffrey Chaucer (St. Margaret's Street, www.canterburytales.org.uk, Jan., Feb., Nov., Dez. tgl. 10.00–16.30, März–Juni, Sept., Okt. tgl. 10.00–17.00, Juli, Aug. tgl. 9.30–17.00 Uhr).

MUSEEN

Canterburys Geschichte und die Entwicklung der Comicfigur Rupert Bear zeigt das **Canterbury Heritage Museum** (Stour Street, www.canterbury-museums.co.uk, wechselnde Öffnungszeiten, meist Mi.–So. 11.00–17.00 Uhr). Seine Schöpferin, Mary Tourtell, stammte aus Canterbury und verbrachte hier den Großteil ihres Lebens. Rupert Bear, ein Junge mit Bärenkopf, erblickte im „Daily Express" das Licht der Welt. „Die Abenteuer eines kleinen verlorenen Bären" fesseln ihre Leser bis heute.
Das **Canterbury Roman Museum** wurde auf den Überresten eines römischen mit kostbaren Mosaiken ausgestatteten Hauses errichtet (Longmarket, Butchery Lane, www.canterbury-museums.co.uk, tgl. 10.00–17.00 Uhr).

Sommerlicher Veranstaltungsort: Leeds Castle (links)
Geruhsam: London–Brighton Rallye (oben rechts)

AKTIVITÄTEN

Eine **Bootstour** auf dem Fluss Stour bietet ungewohnte Perspektiven auf Kathedrale, Old Weavershouse und Marlowe Theatre (Canterbury Historic River Tours, The Kings Bridge, Tel. 07790 53 47 44, www.canterburyrivertours. co. uk, März–Okt. 10.00–17.00 Uhr alle 20 Min.).

EINKAUFEN

In der Nähe der Kathedrale liegt die Fußgängerzone **The King's Mile** (www.thekingsmile.org.uk) mit Galerien, Cafés, Buch- und Musikläden. Ein Shoppingcenter mit Geschäften englischer Marken ist **Whitefriars** (14 Gravel Walk, www.whitefriars-canterbury.co.uk, Mo.–Sa. 9.00–17.30, So. 11.00–17.00 Uhr). Auf dem tgl. Bauernmarkt **The Goods Shed** gibt es Regionales (Station Road West, www.thegoodsshed.co.uk, Di.–Sa. 9.00–19.00, So. 10.00–16.00 Uhr).

HOTELS UND RESTAURANTS

300 m von der Kathedrale entfernt liegt das schicke € € € / € € **Abode Canterbury**, in dem man auch gut essen kann (30 High Street, Canterbury CT1 2RX, Tel. 01227 76 62 66, www.abodecanterbury.co.uk). € € **Ann's House** mit behaglichen Zimmern befindet sich in einem viktorianischen Gebäude etwas außerhalb der Innenstadt (kostenlose Parkplätze, 63 London Road, CT2 8JZ Canterbury, Tel. 01227 76 87 67, www.annshousecanterbury.co.uk). Einige Jahrhunderte älter ist € € **The Dog Inn** mit acht Zimmern; im 13. Jh. errichtet, war es ursprünglich Teil einer Abtei. Sein € € Restaurant ist auf neue englische Küche spezialisiert (Canterbury Road, Wingham, Canterbury CT3 1BB, Tel. 01227 72 03 39, www.thedoginn.co.uk).

VERANSTALTUNGEN

Das **Canterbury International Arts Festival** (www.canterburyfestival.co.uk) ist eines der größten Kulturfeste im Südwesten Englands.

UMGEBUNG

Ursprünglich normannische Festung (12. Jh.), war **Leeds Castle** später Königssitz (20 km westl.; Maidstone, www.leeds-castle.com, tgl. 10.00–15.00 Uhr). 1566 schenkte Elisabeth I.

Rund 8 km lang ist der berühmte Kiesstrand von Eastbourne.

den Vorfahren von Vita Sackville-West **Knole House** (17. Jh.; 40 km westl.), Vorbild für den Familiensitz der Hauptfigur in Virginia Woolfs „Orlando" (Sevenoaks, www.nationaltrust.org.uk/knole, wird seit 2012 restauriert, Outdoor und Bookshop Café geöffnet tgl. 10.30–17.00 Uhr). 40 km südw. liegt **Sissinghurst Castle**, dessen Besucherzahl der National Trust auf 160 000 pro Jahr beschränkt, um die Gärten zu schonen (Biddenden Road, Nähe Cranbrook, Tel. 01580 71 07 01, www.nationaltrust.org.uk/sissinghurst, Landsitz tgl., Garten Mitte März–Okt. Fr.–Di. 11.00–17.00, sonst Fr.–Di. 11.00–16.00 Uhr).

INFORMATION
Canterbury Visitor Centre, 18 High Street, Canterbury, CT12RA, Tel. 01227 86 21 62, www.canterbury.co.uk

Tipp

Verwunschene Pubs

Gespenster sind in England offenbar auch in Pubs zu Hause. **The White Hart** in Canterbury liegt neben einem Friedhof. Der Keller war früher Leichenhalle – natürlich spukt es hier! Die Tür des **Hatchet Inn** in Bristol ist angeblich mit Menschenhaut bespannt und wurde nur übermalt („hatchet" bedeutet Beil). Im Kellergewölbe des **Well House**, ein Gourmettempel in Exeter, liegen die Gebeine einer Nonne und eines Mönchs, die sich in den Brunnen der Kathedrale gestürzt haben sollen, um im Tod vereint zu sein. Manchmal gehen Lichter wie von selbst an, schwarz gekleidete Damen huschen plötzlich durch den Speisesaal, es duftet plötzlich nach Parfum. Die Überreste einer Hand, die während eines Kartenspiels abgehackt wurde, sind im **Haunch of Venison** in Salisbury zu bestaunen, einem der ältesten Wirtshäuser mit Tunnel zur Kathedrale und selbstverständlich einem Hausgeist. **The Highwayman Inn**, auch ein Übernachtungstipp, ist schon durch seine Lage im Dartmoor „spooky". Die Schankstube ist spärlich beleuchtet. Besucher sollen hier einen Mann beobachtet haben, der durch die Wand ging.

INFORMATION
The White Hart, Worthgate Place, Canterbury, www.whitehartcanterbury.co.uk; The Hatchet Inn, 27 Frogmore Street, Bristol; The Well House, 16 Cathedral Yard, Exeter; Haunch of Venison, 1 Minster Street, Salisbury, www.haunchpub.co.uk; The Highwayman Inn, Sourton, Okehampton, www.thehighwaymaninn.net

② Dover

Dover (28 000 Einw.) ist einer der weltweit größten Fährschiff- und Kreuzfahrthäfen, in dem jährl. 15 Mio. Passagiere und 3 Mio. Pkws abgefertigt werden. Die Küste mit den Kreidefelsen ist als „White Cliffs of Dover" bekannt.

SEHENSWERT
Eine der größten Burgen des Landes ist das mittelalterliche **Dover Castle** aus dem 12. Jh. Hier befand sich der Hof Heinrichs II. Auf dem Areal steht auch eine angelsächsische Kirche. Die unterirdischen Tunnelanlagen dienten während des Zweiten Weltkriegs als Kommandozentrale und Lazarett (Castle Hill Road, www.english-heritage.org.uk/dovercastle, Ende März–Juli, Sept. tgl. 10.00–18.00, Aug. tgl. 9.30 bis 18.00, Okt., Feb., März tgl. 10.00–16.00, Nov.–Jan. Do.–Mo. 10.00–16.00 Uhr).

MUSEUM
Stadtgeschichte zeigt das **Dover Museum**; ein Besuch in der **Bronze Age Boat Gallery** ist inklusive (Market Square, www.dovermuseum.co.uk, Mo.–Sa. 10.00–17.00, So. 10.00–15.00 Uhr; Okt.–März So. geschl.).

HOTEL UND RESTAURANT
Das auf dem Land gelegene € € € / € € **The Marquis at Alkham** hat schicke Zimmer mit allem Komfort und ein sternewürdiges € € € / € € Restaurant (Alkham Valley Road, Dover CT15 7DF, Tel. 01304 87 34 10, www.themarquisatalkham.co.uk).

UMGEBUNG
Der Sessel, in dem Feldmarschall Arthur Wellesley, der Herzog von Wellington, 1852 verstarb, die Zimmer, die Queen Mum bei ihren Aufenthalten bewohnte, und der Park sind einige der Höhepunkte in **Walmer Castle**, einer Burg aus der Zeit Heinrichs VIII. in Deal (nördl.; Kingsdown Road, Deal, www.english-heritage.org.uk/daysout/properties/walmer-castle-and-gardens; April–Ende Sept. tgl. 10.00–16.00, Okt., März Mi.–So. 10.00–16.00 Uhr).

Viele Künstler haben sich im viktorianischen Seebad **Folkestone** niedergelassen. Galerien und Studios können besucht, mit den Künstlern darf gefachsimpelt werden. Das Creative Quarter umfasst Old High Street und Tontine Street (www.creativequarterfolkestone.com).

INFORMATION
Dover Visitor Information, Dover Museum, Market Square, Dover CT16 1PH, Tel. 01304 20 10 66, www.whitecliffscountry.org.uk

③ Brighton

Seit die Königsfamilie Mitte des 18. Jhs. hier Urlaub machte, ist Brighton (273 000 Einw.) das bekannteste Seebad Großbritanniens. Elegante Bauten entstanden. Heute ist Brighton ein Mekka für Modemacher, Künstler und Medienschaffende und gilt als britisches Äquivalent zu San Francisco.

SEHENSWERT
Spektakulär ist der **Royal Pavilion** TOPZIEL mit indischen Kuppeln und orientalischer Einrichtung. Zu bestaunen sind u. a. Kunstwerke und Möbel aus dem Besitz der Königin. Der Nachmittagstee wird auf dem Balkon des Royal Pavilion Tearoom mit Blick in den Garten serviert (4/5 Pavilion Buildings, www.brightonmuseums.org.uk/royalpavilion, April bis Sept. tgl. 9.30–17.45, sonst tgl. 10.00–17.15 Uhr). Zu einem Besuch des **Brighton Pier** mit den Buden, Karussells und Zuckerwatteshops gehören Fish & Chips im **Palm Court Restaurant** (Madeira Drive, www.brightonpier.co.uk).

MUSEEN
Das **Brighton Museum & Art Gallery** zeigt u. a. Mode, dekorative Kunst und Sozialgeschichtliches (Royal Pavilion Gardens, www.royalpaviliongardens.co.uk, Di.–So. 10.00–17.00 Uhr). Das **Fishing Museum** erinnert an die Bedeutung Brightons als Fischereihafen (201 Kings Road Arches, The Lanes, www.brightonfishingmuseum.org.uk, tgl. ab 10.00 Uhr).

Manchmal gehen Lichter wie von selbst an, schwarz gekleidete Damen huschen durch den Speisesaal …

AKTIVITÄTEN

Yellowave ist ein Zentrum für **Freizeitsport** direkt an der Promenade, u.a. für Beachvolleyball und Rugby (Beach Sports Venue, 299 Madeira Drive, www.yellowave.co.uk, Sommer tgl. 10.00–20.00, Winter Di.–Do. 11.00–21.00, Fr. 11.00–17.00, Sa., So. 10.00–21.00 Uhr).

EINKAUFEN

Enge Gassen aus dem 17. Jh., die **Lanes**, ziehen sich wie ein Irrgarten mit kleinen Läden durch die Altstadt. Die **North Laine** ist voller Geschäfte im Retro-Schick. 80 Shops und Lokale vereint das Einkaufszentrum **Churchill Square** (www.churchillsquare.com). In den Designer-Outlets der **Brighton Marina** (www.brighton marina.co.uk) gibt es günstig große Marken.

HOTELS UND RESTAURANTS

Indochina, Royal Pavilion und State-of-the-Art treffen im € € € € / € € € **Drakes Hotel** mit Blick auf den Palace Pier aufeinander (43–44 Marine Parade, BN2 1PE Brighton & Hove, Tel. 01273 69 69 34, www.drakesofbrighton.com). Ein modernes B & B in Strandnähe ist € € € / € € **Guest And The City** (2 Broad Street, BN2 1TJ Brighton & Hove, Tel. 01273 69 82 89, www. guestandthecity.co.uk). Frische Meeresfrüchte kommen in der € € **Fishy Fishy Seafood Brasserie** auf die Teller (36. East Street, Tel. 01273 72 37 50, www.fishyfishy.co.uk). Das € € **Terre a Terre**, einst ein Bio-Bringservice, gilt als eines der besten vegetarischen Lokale Großbritanniens (71 East Street, Tel. 01273 72 90 51, www.terreaterre.co.uk).

VERANSTALTUNGEN

Das größte Kunstfestival Großbritanniens ist das **Brighton Festival**. Es findet jedes Jahr im Mai statt und dauert drei Wochen. Geboten werden Tanz, Oper, Ausstellungen, Zirkus und Straßentheater (www.brightonfestival.org). Die Ateliers von **Phoenix Brighton** mit Einblicken in die Kunstszene sind auch für Besucher zugänglich (10–14 Waterloo Place, www.phoenixbrighton.org).

UMGEBUNG

Die östlich gelegenen Klippenlandschaften **Seven Sisters TOPZIEL** und **Beachy Head** gehören zu den Highlights an der Kanalküste. Etwas stiller als Brighton ist **Eastbourne**, im 19. Jh. ein Badeort für „Gentlemen", mit einem Kiesstrand, Promenade, Pier (1870) und Hotels im viktorianischen Stil. Nicht **Hastings** war am 14. Oktober 1066 Schauplatz der Schlacht zwischen dem Normannenherzog Wilhelm und König Harold. Die „Eroberung" fand weiter nordwestlich bei der Battle Abbey statt, einem auf dem Schlachtfeld errichteten Kloster. Drum herum entstand die Kleinstadt **Battle**. Dort gibt es ein Freilichtmuseum zur „Schlacht bei Hastings". Diese wird jeweils zum Jahrestag nachgestellt (www.visit1066country.com).

INFORMATIONEN

Brighton Visitor Information, Town Hall, Bartholomew Square, Brighton BN1 1JA, Tel. 01273 29 03 37, www.visitbrighton.com

Genießen   Erleben   Erfahren

Fossilienjagd in Sussex

DuMont Aktiv

Die englische Südküste besteht aus Gesteinsformationen des Jura, der Trias und der Kreidezeit, in denen unzählige Fossilien aus der Prähistorie eingeschlossen sind. Sowohl an der Jurassic Coast als auch zwischen Dover und Beachy Head kann man sich auf die Jagd nach vorzeitlichen Fundstücken machen.

Wenn mal wieder ein Kliff erodiert, ist der Erdrutsch kilometerweit zu hören. Nicht selten bricht ein meterbreites Kantenstück ab und donnert in die Tiefe. Was für die Bewohner der Küstenregionen ein Fluch ist, bedeutet für Fossiliensucher die Freilegung von versteinerten Seeigeln, Haifischzähnen, Ammoniten, Schwämmen, Muscheln und anderer Bodenfauna, die einst den prähistorischen Meeresboden besiedelten.

Den Weg zu den Fossilien weist der rot-weiß gestreifte Leuchtturm von Beachy Head. Man kann auf eigene Faust auf Erkundungstour gehen oder unter fachkundiger Leitung. Der spektakuläre Küstenabschnitt zwischen Cuckmere Haven im Nordwesten und den berühmten Seven Sisters gehört zu den fossilienreichsten Südenglands.

Der beste Zugang zum Beachy Head verläuft über die Strandpromenade von Eastbourne. Am westlichen Ende hält man auf einem Parkplatz. Von hier aus geht es dann über einen Holzpfad hinunter zur Küste. Bei Ebbe kann man im Kies suchen. Lohnende „Jagdreviere" sind häufig auch kleine Sandbänke, auf denen an guten Tagen Massen von Haifischzähnen und Muscheln zu finden sind.

Fossilienfunde sind Schlüssel zu einer längst vergangenen Zeit.

Weitere Informationen

Discovering Fossils von Roy Shepherd aus Brighton (www.discoveringfossils. co.uk) bietet geführte Gruppen- und Einzeltouren zu den Fossilien am Beachy Head oder in Peacehaven an.

Wer keine Führung mitmacht: Es ist nicht gestattet, Fossilien aus Steinen herauszuhauen. Man darf niemals allein gehen und auf keinen Fall bei Flut! Wer glaubt, einen außergewöhnlichen Fund gemacht zu haben, sollte ihn in einem Museum melden. Nur so kann der Fund der Wissenschaft für Untersuchungen zugänglich gemacht werden.

Steinkreise und Seglerparadiese

Nirgends entspricht das ländliche England dem Klischee mehr als hier: grüne Landschaften, durchzogen von Kanälen, verwunschene Dörfer, prähistorische Steinkreise, Kathedralenstädte. Und eine grandiose Küste mit spektakulären Seglerhochburgen. In den Grafschaften Hampshire und Wiltshire gibt es viel zu sehen und viel zu erleben.

Vor allem in den Sommermonaten geben sich Straßenmusiker in der High Street von Salisbury ein Stelldichein.

Die Kathedrale von Winchester geht auf normannische Zeiten zurück und wird auch wegen des Grabes von Jane Austen viel besucht (oben links). In Winchesters Great Hall ist der berühmte Arthur's Roundtable zu bewundern (unten). Besonders unter dem Vierungsturm beeindruckt das Gewölbe in der Kathedrale von Salisbury (rechts).

Auf dem Kennet and Avon Canal tuckert tapfer ein lang gestrecktes Hausboot, ein sogenanntes Narrow Boat, voran. Am Ufer blühen gelbe Butterblumen und blutroter Klatschmohn, dahinter breitet sich eine hügelige, waldreiche Landschaft aus. Das ländliche Wiltshire zeigt sich von der schönsten Seite. Rechts erstreckt sich ein Weizenfeld, links stakst ein Reiher auf Froschsuche umher. Platanenalleen und Eichenwälder schmiegen sich an das Ufer. Von Bath bis Newbury zieht sich das Gewässer, das die Flüsse Avon und Kennet verbindet und für eine gemütliche Bootspartie wie geschaffen ist. Auf dem Treidelpfad radeln Familien den Kanal entlang. Abbiegen lohnt sich – zum weltberühmten Stonehenge, unzähligen Grabhügeln, eisenzeitlichen Festungen und der mittelalterlichen Stadt Salisbury.

ZU BESUCH IM MITTELALTER

Die Schwalben auf dem Marktplatz von Salisbury tanzen aufgeregt durch die Lüfte. Dienstag und Samstag sind Markttage, und zwar seit 1227! Es ist bunt hier, laut, ein wenig hektisch, aber die Menschen sind freundlich und die Preise niedrig. Verlockend duftet es nach frisch geröstetem Kaffee, Krapfen und Bratwurst. Die Händler feilschen, Haus-

Salisbury gilt als beispielhaft für die mittelalterliche Stadtgründung.

frauen sind in ihrem Element. Verkauft werden Obst und Gemüse, Fleisch, Käse, Eier, Kurzwaren, Teppiche, Kleidung, Schuhe, Schmuck, Möbel und Geschirr.

Im Kathedralenbezirk scheint die Zeit stehen geblieben zu sein. Tudorhäuser, in denen einst Kaufleute und Geistliche

Nach Überwindung der Schleusentreppe von Caen Hill weiß man,
was man getan hat: Kennet and Avon Canal.

Zu den gemütlichen alten Gassen des New-Forest-Ortes Lymington gehören die Quay Street … … und der Quay Hill.

Stonehenge

Special

Sagenumwobener Steinkreis

Beliebter Treffpunkt von Touristen und Esoterikern: Stonehenge

Wenn die Sommersonnenwende ansteht, gibt es für Zehntausende nur ein Ziel: die prähistorische Kultstätte Stonehenge.
Es ist kurz vor fünf Uhr, wenn eine bunte Schar aus New-Age-Jüngern, Alt-Hippies, selbst ernannten Druiden und Schaulustigen an dem 5000 Jahre alten Steinkreis bei Salisbury die ersten Sonnenstrahlen erwartet. Oft genug dämpfen Wolken und Re-gen die hohen Erwartungen. Haben UFO-Theoretiker Stonehenge nicht auch als Landeplatz für Außerirdi-sche ausgemacht? Weil das Gelände zur Zeit der Sommersonnenwende immer wieder Schauplatz von Zech-gelagen und Drogenexzessen war, wird die Esoterik mittlerweile strikt staatlich geregelt. Die meisten begnü-gen sich deshalb mit Singen, Trom-meln, Meditieren oder Zuschauen.

wohnten, schmücken den ältesten Teil der Stadt, die gotische Kathedrale bil-det das Herzstück. Mit 123 Metern hat sie die höchste Turmspitze Großbritan-niens. Nach 332 steilen Treppenstufen wird der Besucher mit einer tollen Aus-sicht belohnt.

Durch die alten historischen Gassen, vorbei an Pubs und Fachwerkhäusern, fährt man nach Old Sarum, zu jener fas-zinierenden Siedlung aus der Eisenzeit. Vor bald 800 Jahren zogen die Einwoh-ner nach New Sarum, später Salisbury, um. Der Grund dafür: In Old Sarum war die Armee stationiert, die mit dem Kle-rus in ständigem Streit lag. Schließlich begann der Klerus mit dem Bau einer neuen Kathedrale an anderer Stelle. Die neu angelegte Stadt Salisbury stammt vom Reißbrett des 13. Jahrhunderts. Sie wurde wohlüberlegt geplant und gilt als beispielhaft für die mittelalterliche Stadtgründung. Old Sarum hingegen verfiel zusehends. Nur schemenhaft sind noch dessen Burg und Kathedrale zu er-kennen.

Southampton-Träume

Die traditionsreichste Seereise, die man sich vorstellen kann, ist die Passage von Southampton nach New York – natür-lich auf einem legendären Luxusliner. Wenn es auf die Reise geht, stehen

Gegenüber dem Fährterminal von Portsmouth ist
auf einer Halbinsel der „Spice Island Inn" zu finden.

In der Nachbarschaft der Marineanlagen von Portsmouth
reihen sich an The Hard gemütliche Fachwerkfassaden.

Östlich von Winchester befindet sich in Chawton bei Alton Jane Austen's House Museum.

Einer der vielen Herrensitze: Stourhead House and Gardens

Tausende Menschen am Kai, um die „Queen Mary II", die „Queen Elizabeth" oder die „Queen Victoria" zu verabschieden. Den schwimmenden Palästen der britischen Reederei Cunard Line beim Ablegen zuzusehen, ist für viele Schaulustige ein unvergessliches Erlebnis. Aus Angst vor Terroranschlägen gibt die Reederei allerdings nie bekannt, wo die Luxusladys anlegen, doch meist sind sie am Queen Elizabeth II Terminal oder am City Terminal vertäut. Den besten Blick auf die Schiffe genießt man allerdings gar nicht vom Hafen, sondern von der anderen Flussseite am Hythe Marina Village.

Southampton liegt am Solent, einem Seitenarm des Ärmelkanals zwischen der Südküste Englands und der Isle of Wight. Dies ist eines der besten Segelreviere Englands – einerseits zwar geschützt, aber mit durchaus tückischer Strömung; der Tidenhub erreicht bis zu fünf Meter. Segeln verlangt hier echtes Können, eine physische Herausforderung, die sich Anfänger nicht zumuten sollten.

Während Southampton die Hauptstadt des Segelsports ist, hat Portsmouth den größten Militärhafen des Königreichs. In Portsmouth vor Anker zu gehen, kommt immer auch einer Geschichtsstunde gleich. Von Weitem sind die wuchtigen Militärschiffe zu erkennen, die an den Gunwharf Quays angedockt haben. Die Vergangenheit der Royal Navy, vor Ort als „ruhmreich" bezeichnet, ist omnipräsent. Bestaunt werden kann das dauerhaft hier festgemachte Kriegsschiff „Victory", mit dem Admiral Nelson in die Seeschlacht von Trafalgar zog.

Antikes Winchester

In Winchester gibt ein Kirchenbauwerk den Ton an. Die Winchester Cathedral aus dem Jahr 1070 mit ihrem endlos lang erscheinenden Mittelschiff zählt zu den größten Kathedralen Europas. Neben Königen und Bischöfen liegt hier auch die Schriftstellerin Jane Austen begraben, die 41-jährig in Winchester starb und noch heute von den Engländern verehrt wird. Die Kathedrale war bereits Drehort für Cate Blanchetts Film „Elizabeth" und „Der Da Vinci Code" mit Tom Hanks. Der Vorwurf der Entweihung scheint haltlos: In der Winchester Cathedral ist, wie in anderen Kathedralen Großbritanniens auch, moderne Kunst ausgestellt.

Winchester Castle ist ebenfalls ein Ziel für König-Artus-Enthusiasten. Die von Wilhelm dem Eroberer 1067 erbaute Burg ist nahezu völlig zerstört, nur die beeindruckende Great Hall von König Heinrich VIII. ist gut erhalten. Hier hängt seit dem Jahr 1463 eine Nachbildung des berühmten Runden Tischs der „Ritter der Tafelrunde". Und obwohl es sich gar nicht um einen Tisch aus Artus' Zeiten handelt, ist der Run auf die hölzerne Scheibe bis heute ungebrochen.

Eine Insel für Wanderer

Im mediterranen Klima der Isle of Wight gedeihen subtropische Pflanzen unter freiem Himmel, der Seewind sorgt für weitgehend frostfreie Winter. Es ist völlig unkompliziert, sich auf der Insel zurechtzufinden, denn die über 800 Kilometer Wanderwege sind hervorragend ausgeschildert. Überall lässt es sich vortrefflich spazieren gehen: vorbei an strohgedeckten Farmen, klitzekleinen Dörfern, am Strand entlang der Kreidefelsen an der wilden Westküste oder durch Wälder.

Gegenüber von Southampton, an der nördlichen Spitze der Isle of Wight, liegt Cowes. Im August findet hier die größte und traditionsreichste Segelregatta Englands statt, die Cowes Week. Mit 8500 Teilnehmern und 100 000 Zuschauern stößt man an die Grenzen, dennoch ist das Interesse ungebrochen. Der Veranstalter Royal Jacht Squadron gehört schließlich zu den berühmtesten und elitärsten Jachtklubs der Welt.

UNERWARTET UND KÖSTLICH

Ein Toast auf englischen Wein

Es geht vorbei an dichten Hecken, aus denen lila und weiße Glockenblumen blitzen. Grüne Hügel hinauf und hinab, dann liegt es da: das Weingut Sharpham.

Mehr guten Rotwein zu produzieren, haben sich die Sharmans vorgenommen.

Mark Sharman ist Geschäftsführer des Weinguts. Ein freundlicher Mann mit rauen Händen, dunkelblauem T-Shirt und Jeans. Die hügelige Südseite am blaugrün glänzenden Fluss Dart fängt ordentlich Sonne ein, Reben so weit das Auge reicht. Stolz schaut Mark über die Weinberge. Die eisenhaltige rote Erde strotzt nur so vor Kraft. Mark erwartet eine gute Ernte. Der Bauernsohn begann seine Karriere als Bergbau-Ingenieur und arbeitete mehrere Jahre in Kanada. „Meine Eltern waren Milchbauern, aber sie rieten mir, nicht in ihre Fußstapfen zu treten", lacht er. Aber, zurück in England, ist es dann genau so gekommen.

Schuld daran waren eine Herde kleiner, brauner Jersey-Kühe und seine Lebenspartnerin Debbie Mumford. „Debbie ist Käsereimeisterin, und unser Käsegeschäft war sofort erfolgreich. Heute produziert unsere Molkerei pro Jahr 70 Tonnen handgemachten Käse." Bei den renommier-

ten British Cheese Awards gewinnt die Käserei regelmäßig Gold- und Silbermedaillen.

Und dann kam die Idee mit dem Wein auf. „Wir dachten, wir haben ein nach Süden ausgerichtetes Grundstück, warum bauen wir nicht auch Wein an?" Das war 1981. Gesagt, getan: Die Scheune wurde zu einem

modernen Weingut mit dem ersten von vielen Tanks aus rostfreiem Stahl ausgebaut.

Mit Stolz in die Zukunft

Auf der Terrasse des Anchorstone Cafés sitzen Besucher unter großen Sonnenschirmen, am Horizont schlängelt sich der Dart durch das Tal.

Allmählich wächst in England ein Bewusstsein für die Qualität der eigenen Weine.

Der Rosé von Sharpham
Vineyard harmoniert
hervorragend mit dem
eigenen Käse.

Sharpham Vineyard: Was hier verkostet wird, ist preisverdächtig. Jahr für Jahr werden gekelterte Weine ausgezeichnet. 2015 erhielt „Sharpham's Barrel Fermented 2013" bei den Sommelier Wine Awards eine Goldmedaille.

Mark bestellt einen Weißwein und erzählt. Dass man nicht zu den weltbesten Produzenten gehöre, aber bei allen wichtigen internationalen Wettbewerben erfolgreich sei. Im Hofladen hängen die Urkunden: erste Plätze in der International Wine Challenge und in der Decanter Wine Competition. 2015 erhielt „Sharpham's Barrel Fermented" bei den Sommelier Wine Awards in London eine Goldmedaille. Allmählich wächst in England ein Bewusstsein für die Qualität der eigenen Weine.

Heutzutage werden die Sorten Madeleine Angevine für Weißwein, Dornfelder für Rotwein und Pinot Noir für einen schönen Rosésekt nach der Champagnermethode angebaut. Mark: „Vor allem die Madeleine-Angevine-Traube ist in Großbritannien sehr erfolgreich. Vier Fünftel unserer zehn Hektar Rebfläche sind mit ihr bepflanzt." Im internationalen Vergleich sind die jährlich 60 000 Flaschen Peanuts. „Aber damit produzieren wir ein Dreißigstel der gesamten englischen Weinproduktion." Mit der fortschreitenden Klimaveränderung könnte es noch mehr werden. „Die Trauben sind hier so früh reif, dass wir bereits Mitte September mit der Weinlese beginnen können. Unsere größte Herausforderung ist es nun, mehr Rotwein zu machen." Und Champagner! Aufgrund der globalen Erwärmung könnte Südengland die Champagne eines Tages als Anbaugebiet der typischen Rebsorten Pinot Noir und Chardonnay ablösen.

Ein Ort der Lebensfreude

Die Zeiten, als Engländer im Dorfpub „Liebfrauenmilch Spätlese" oder, wenn es etwas Besonderes sein sollte, „Niersteiner Gutes Domtal" bestellten, gehören beinahe der Vergangenheit an. Englischer Weißwein ähnelt den Weinen von der Loire, ist erfrischend, fruchtig, mit subtiler Note. In den Feinschmeckermagazinen werden die lokalen Erzeugnisse hochgelobt, gelten als unbeschwert und zeitgemäß. Dass Wein Alkohol enthält, wird scherzhaft angemerkt, sei von Vorteil, denn den schätzten die Engländer.

Das Geschäft umfasst neben der Käse- und Weinproduktion einen Hofladen und das Anchorstone Café, wo allerdings auch „richtig" gekocht wird. Bei einer gebackenen Forelle erzählt Mark, dass die Sharpham-Weine nun auch bei Harrod's in London geführt werden. Er lächelt: „Das bedeutet, dass wir zu den Großen gehören. It's great!"

Fakten & Informationen

....

Sharpham Vineyard, Totnes TQ9 7UT, Tel. 01803 73 22 03, www.sharpham.com; Weinladen 1. März–24. Dez. Mo.–Sa. 10.00–16.00, Mai bis Sept. auch So.; The Vineyard Kitchen tgl. 10.00–16.00 Uhr, im Winter geschlossen.
Wohnen in der Nähe: € **The Durant Arms**, Landhaus aus dem 18. Jh. mit schmucken Zimmern und Feinschmeckerlokal (Ashprington, Totnes TQ9 7UP, Tel. 01803 73 22 40, www.durantarms.co.uk)

Malerisches Idyll:
Sharpham Vineyard
macht Lust auf ein
Päuschen bei einem
guten Glas Wein.

Kathedralen und andere Heiligtümer

Stonehenge ist nur eines von vielen geschichtlichen Denkmälern. In Kalk gehauene Pferde zieren Hügelketten, die Kathedralen von Salisbury und Winchester gehören zu den schönsten in Großbritannien. Maritim und kosmopolitisch präsentiert sich Southampton, Heimathafen legendärer Kreuzfahrtschiffe und beliebtes Segelrevier.

① Salisbury

Salisbury (45 000 Einw.) hat seinen Ursprung in der im 4. Jh. v. Chr. gegründeten eisenzeitlichen Siedlung Old Sarum. Heute bestimmen die Kathedrale, viel Grün und der Fluss Avon, auf dem Schwäne ihre Bahnen ziehen, das Stadtbild. Im Zentrum sieht man Kunst an jeder Ecke, sogar die Gewölbegänge der Kathedrale werden als Ausstellungsfläche genutzt.

SEHENSWERT

Ein Besuch der **Salisbury Cathedral** TOPZIEL (1220–1258) ist Pflicht. 332 Stufen führen zur Aussichtsplattform mit Blick über Stadt und Landschaft (www.salisburycathedral.org.uk). Künstler und Designer stellen in der **Galerie Fisherton Mill** ihre Arbeiten aus; im Café gibt es verführerische Torten (108 Fisherton Street, www.fishertonmill.co.uk). Bunt und laut geht es auf den **Bauernmärkten** zu. Seit 1227 gibt es den Salisbury Charter Market (Fish Row; Di. und Sa.), auf dem Marktplatz ist der Farmer's Market ein Fixpunkt im Kalender der Hausfrauen (Market Square, 1. und 3. Mi. des Monats).

MUSEUM

Gegenüber der Kathedrale zeigt das **Salisbury & South Wiltshire Museum** eine Sammlung bedeutender archäologischer Funde aus der Region sowie Werke von William Turner und John Constable (Cathedral Close, www.salisburymuseum.org.uk, Mo.–Sa. 10.00–17.00, Juni bis Sept. auch So. 12.00–17.00 Uhr).

HOTELS UND RESTAURANTS

In der Nähe des Marktplatzes liegt das elegante € € € / € € **Milford Hall Hotel** in einem denkmalgeschützten Haus von 1800 (206 Castle Street, Salisbury SP1 3TE, Tel. 01722 41 74 11, www.milfordhallhotel.com). Im Garten des B & B € € **Cricketfield House** laufen Gänse und Enten herum (Wilton Road, Salisbury SP2 9NS, Tel. 01722 32 25 95, www.cricketfield house.co.uk). € **Cornerways Cottage** hat nur drei Zimmer, eines davon mit Himmelbett; gefrühstückt wird am Kamin (Longcross, Zeals, Salisbury BA12 6LL, Tel. 01747 84 04 77, www.cornerwayscottage.co.uk).

Die Kathedrale von Salisbury zeigt sich einheitlich im Stil der frühen englischen Gotik.

Das Lokal und Pub € € / € **Haunch of Venison** aus dem 13. Jh. war einst ein Bordell und ist bis heute durch einen unterirdischen Tunnel mit der Kathedrale verbunden (1 Minster Street, Salisbury, www.restaurant-salisbury.com).

UMGEBUNG

Wilton House (5 km westl.; Urspr. 16. Jh.) aus dem 16. Jh. ist Wohnsitz von Earl and Countess of Pembroke und eine Schatzkammer wertvoller Gemälde, Büsten und Dekor aus fünf Jahrhunderten, u. a. Porträts von van Dyck, Rembrandt und Rubens (Wilton, www.wilton house.co.uk; April–Sept. 11.00–17.00 Uhr). Immer gut besucht ist **Stonehenge** TOPZIEL. Mythen und Legenden ranken sich um den gigantischen Steinkreis. Glaubte man im Mittelalter, Stonehenge sei durch Merlins Zauberkräfte entstanden, wurde in der Anlage später eine Krönungsstätte dänischer Könige Englands gesehen, eine Tempelanlage keltischer Druiden oder ein früher Tempel. Andere interpretierten den Steinkreis als Arena oder als keltischen Kalender. Astronomen tendierten zu der Annahme, Stonehenge diente zur Berechnung von Mondfinsternissen. Seit der letzten Ausgrabung 2008 gibt es die Friedhofstheorie. Denn neben dem Steinkreis haben Forscher ein kleineres Äquivalent entdeckt, eine Verbrennungsstelle für Verstorbene. Vieles deutet

darauf hin, dass sich hier noch viel mehr findet als nur der Kreis, dass das große Areal noch etliche Kultstätten birgt. Mit einer Art Röntgenmethode ist man auf weitere Kreise, Gräben und Hügel sowie auf Wälle und Vertiefungen gestoßen. In der Nachbarschaft wurden Fundamente von Häusern freigelegt, weitere sind unter den Durrington Walls verborgen – innerhalb der Anlage dürften mehr als 2000 Personen gelebt haben (Amesbury, Kreuzung A303 und A344/360, www.thestonehengetour.info). Das **Wiltshire Heritage Museum** in Devizes zeigt Funde aus Stonehenge und Avebury (41 Long Street, www.wiltshiremuseum.org.uk; Mo. bis Sa. 10.00–17.00, So. 12.00–16.00 Uhr). Der Steinkreis von **Avebury** (45 km nördl.) ist 2600 Jahre alt. Von den urspr. 154 Megalithen wurden die meisten zerstört, 36 sind erhalten.

INFORMATION

Visit Wiltshire, Bourne Hill, Salisbury SP1 3UZ, Tel. 01722 32 30 36, www.visitwiltshire.co.uk

② Winchester

Die einstige normannische Hauptstadt des englischen Königreichs (heute 40 000 Einw.) ist mit 2000 Jahren eine der ältesten Siedlungen

Sonnenuntergang über der Isle of Wight (links oben), High Street, Winchester (links unten), Spinnaker Tower, Portsmouth (oben)

des Landes und bildet eine faszinierende Mischung aus Legende, Mythos, Geschichte und kulturellem Erbe.

SEHENSWERT

Die **Winchester Cathedral** mit Wandgemälden aus dem 12. Jh., mittelalterlichen Schnitzarbeiten und einer illustrierten Bibel wurde 1079 errichtet, gotisch umgestaltet und ist eindrucksvolle 168 m lang (9 The Close, www.winchester-cathedral.org.uk, Mo.–Sa 9.30–17.00, So. 12.30–15.00 Uhr). Die Great Hall des urspr. normannischen **Winchester Castle** zeigt den Tisch der „Ritter der Tafelrunde" (Winchester Castle, The Great Hall, Castle Avenue, www.hants.gov.uk/greathall, tgl. 10.00–17.00 Uhr).

EINKAUFEN

Ein kurzer Spaziergang führt von der Kathedrale zum **Brooks Shopping Centre** mit allen namhaften Markenartiklern an einem Platz (The Brooks, www.brooks-shopping.co.uk, Mo. bis Sa. 9.00–17.30, So., Fei. 10.00–16.00 Uhr). Individueller sind die Märkte an der **Middle Brook Street**, etwa der Local Food Market (Mi.). Am 3. So. im Monat lockt hier ein Art & Design Market (www.artdesignmarket.co.uk) mit Antiquitäten, Trödel und Schmuck.

INFORMATION

Tourist Information Centre, Winchester Guildhall, High Street, Winchester, Tel. 01962 84 05 00, www.visitwinchester.co.uk

③ Southampton

Von hier lief die „Titanic" 1912 aus, starteten Bomber am D-Day gen Normandie. Wilhelm der Eroberer war hier, William Shakespeare und Jane Austen. Von den Römern gegründet, ist Southampton (254 000 Einw.) heute europaweit wichtigster und größter Hafen für Kreuzfahrtschiffe und Ölumschlagplatz.

SEHENSWERT

Bis auf das Mayflower Cruise Terminal (Herbert Walker Avenue, Western Docks) haben die **Kreuzfahrtterminals** keine Besucherplattform. Alternative zum Traumschiffblick vom Pier von Hythe oder der Hythe Marina ist eine Fährfahrt vom Town Quay am Terminal vorbei. In der **Southampton Guildhall** (1937) traten schon Musikgrößen wie Pink Floyd, David Bowie und Amy Winehouse auf (Civic Centre Road, www.o2guildhallsouthampton.co.uk).

MUSEEN

In einem Fachwerkhaus von 1495 zeigt das **Tudor House and Garden** das Leben in der Zeit vom 16. bis zum 19. Jh. (Bugle Street, www.tudorhouseandgarden.com, tgl. 10.00–15.00 Uhr).
Den Alltag einer wohlhabenden Kaufmannsfamilie im Spätmittelalter (13. Jh.) illustriert das **Medieval Merchants House** (58 French Street; nur April–Sept. So. 12.00–17.00 Uhr). Eine große Titanic-Ausstellung präsentiert **SeaCity** (Havelock Rd, www.seacitymuseum.co.uk, tgl. 10.00–17.00 Uhr). Die städtische **City Art Gallery** zeigt Arbeiten moderner Maler und englischer Klassiker wie Gainsborough und Reynolds (Civic Centre, Commercial Road; tgl. Mo.–Sa. 10.00–15.00 Uhr).

EINKAUFEN

Das **West Quay Shoppingcentre** liegt im Zentrum – es gibt eine Schokoladenmanufaktur, wo auch probiert werden darf (Portland Terrace, www.west-quay.co.uk, Mo.–Fr. 9.00 bis 20.00, Sa. 9.00–19.00, So. 11.00–17.00 Uhr).

HOTELS UND RESTAURANTS

Schon vor 500 Jahren kehrten wohlhabende Händler und Marineoffiziere im € € € / € € **Dolphin Hotel** ein (34–35 High Street,

Southampton SO14 2HN, Tel. 02380 38 64 60, www.dolphin-southampton.com). Im Zentrum liegt zentral € € **The White Star** (28 Oxford Street, Southampton SO14 3DJ, Tel. 02380 82 19 90, www.whitestartavern.co.uk). Ein Luxushotel mit beheiztem Pool ist das € € € € / € € € **Hotel TerraVina** im New Forest; im € € € Restaurant gibt es Kalifornisches (174 Woodlands Road, Woodlands, Netley Marsh, New Forest, Hampshire SO40 7GL, Tel. 02380 29 37 84, www.hotelterravina.co.uk). Zwischen Stadtmauer und Hafen verläuft die **Oxford Street** mit Lokalen und Pubs. Hier gehen die Einwohner zum „Italiener" und zum „Inder" (www.oxfordstreetsouthampton.co.uk).

UMGEBUNG

Der **New-Forest-Nationalpark** ist ein Paradies für Wanderer, Camper, Reiter und Radler. Seit 900 Jahren, als Wilhelm der Eroberer den Wald als Jagdgrund beanspruchte, hat sich hier wenig verändert (www.thenewforest.co.uk). Das **National Motor Museum** in Beaulieu ist eines der Highlights. Die Exponate reichen vom Ford Model T bis zur Formel 1 (www.nationalmotormuseum.org.uk, Ende Mai–Sept. tgl. 10.00–18.00, sonst tgl. 10.00–17.00 Uhr). **Portsmouth** ist seit dem 15. Jh. Hauptsitz der britischen Marine und Geburtsort von Charles Dickens (1812–1870) (Geburtshaus, 393 Old Commercial Road, www.charlesdickensbirthplace.co.uk, April–Sept. Di.–So. 10.00–17.30, Jan.–März, Okt. 10.00–17.00 Uhr).

Tipp

Den Spieß umgedreht

Die durch die alliierte Invasion herbeigeführte Wende im Zweiten Weltkrieg wird in der englischen Öffentlichkeit stärker wahrgenommen als in Deutschland. Entlang der Millennium Promenade in Portsmouth, das sehr unter Bombardements zu leiden hatte, am Camber Dock, Round Tower und Square Tower haben entscheidende militärische Operationen ihren Anfang genommen. Dokumentiert werden sie im D-Day Museum. Die Dauerausstellung „Operation Overlord (1940 bis 1944)" ist ein audiovisueller Beitrag mit Mission. Wehrmachtssoldaten werden als blutrünstig dargestellt, Briten und Amerikaner als strahlende Figuren. Highlight ist eine 83 m lange Stickerei mit Motiven von 1940 bis zur Landung 1944 – „…als man den Spieß umdrehte".

INFORMATION

The D-Day Museum, Clarence Esplanade, Southsea, Portsmouth, www.ddaymuseum.co.uk; April–Sept. tgl. 10.00–17.30, sonst tgl. 10.00–17.00 Uhr

Ein Teil der historischen Dockanlagen ist als **Portsmouth Historic Dockyard** TOPZIEL Museum (Victory Gate, HM Naval Base, www. historicdockyard.co.uk, April–Okt. tgl. 10.00– 18.00, sonst tgl. 10.00–17.30 Uhr). Ausblicke hat man vom **Spinnaker Tower** (Gunwharf Quays, www.spinnakertower.co.uk).

INFORMATION
Southampton Tourist Information Centre, Central Library, Civic Centre, SO14 7LW, Tel. 02380 83 33 33, www.discover-southamp ton.co.uk, Lyndhurst & New Forest Tourist Information Centre, High Street, Main Car Park, Lyndhurst, Hampshire SO43 7NY, Tel. 02380 28 22 69, www.thenewforest.co.uk

④ Isle of Wight

40 km Küste mit Buchten, Stränden und ganz-jährig mediterranes Klima sind der ideale Rah-men für den Familienurlaub.

SEHENSWERT
Östl. Cowes steht das italienisch umgestaltete **Osborne House**, bis 1901 Zuflucht von Königin Victoria (York Avenue, East Cowes, April–Sept. tgl. 10.00–17.00 Uhr). In den **Ventnor Botanic Gardens** gedeihen mediterrane Pflanzen, die man kaufen kann (Undercliff Drive, St. Lawrence südl. Ventnor, www.botanic.co.uk, tgl. 10.00– 16.00 Uhr). Ein kleines Disneyland ist der **Blackgang Chine Fantasy Park** (Chale, www. blackgangchine.com, tgl. 10.00–17.00 Uhr).

MUSEEN
Die Isle of Wight wird auch Insel der Dino-saurier genannt; das **Dinosaur Isle Museum** zeigt lebensgroße Modelle von fünf Sauriern (Sandown, www.dinosaurisle.com; April–Aug. tgl. 10.00–18.00 Uhr, sonst kürzer). Diverse Bootstypen bietet das **Classic Boat Museum** (Albany Road, East Cowes, www.classicboat museum.org, Di., Fr., Sa. 10.30–15.30 Uhr).

AKTIVITÄTEN
Nette Wanderbegleitung: **Lamas** führen zu den Kreideklippen und tragen die Verpflegung (Tel. 01983 84 07 81, www.godshillparkfarmnet).

HOTEL UND RESTAURANT
Zugang zum Strand bietet das viktorianische € € **The Wellington Hotel**. Jedes Zimmer hat Balkon und Meerblick (Belgrave Road, Ventnor, Isle of Wight PO38 1JH, Tel. 01983 85 66 00, www.thewellingtonhotel.net).

VERANSTALTUNG
Die älteste und größte Regatta der Welt zieht im Aug. 100 000 Besucher an. Am letzten Tag der **Cowes Week** gibt es ein Feuerwerk (The Parade, Cowes, www.lendycowesweek.co.uk).

INFORMATION
Isle of Wight Council's Call Centre, Tel. 01983 81 38 13 oder Newport Visitor Information Point, Bus Station, Newport PO30 1JZ, www.visitisleofwight.co.uk

Genießen   Erleben   Erfahren

DuMont Aktiv

Vernarrt in Salat

Charles Dowding, Biogärtner und Leiter von Seminaren zum Thema Gemüseanbau, muss sich häufig bücken an einem Tag, denn sein Salat will geerntet werden. Er schneidet nicht etwa den ganzen Kopf ab, sondern zupft mit bedächtigem Griff die äußeren Blätter ab. „Der Rest wächst nach, so kann ich sechs Wochen lang ernten," erklärt er. Dowding ist eine Berühmtheit hier in der Region. Fernsehen und Hörfunk waren hier, und sieben Bücher hat er geschrieben.

Denn er ist ein außergewöhnlicher Gärtner. Ein Gärtner ohne Schaufel, einer, der noch nie den Boden umgegraben hat und den Bioanbau mit seiner „No-Dig"-Idee revolutioniert. Umgraben, so seine Theorie, schade dem natür-lichen Ruhebedürfnis der Erde. Ganz egal welche Qualität der Boden hat, er bringt lediglich Kompost auf, pflanzt – und erntet beste Qualität.

Doch Dowding experimentiert unermüdlich weiter: Ein Beet ist wenig bewässert, das andere gar nicht, ein Beet wurde bei Vollmond-, das andere bei Halbmond bepflanzt. Auch was den Kompost angeht, folgt Versuch auf Versuch: Mehr Kuhmist für die Erdbeeren, mehr Pferdemist für die Gurken? Zwischen den Beeten stehen einige kleine Apfelbäumchen; die schönen Früchte glänzen, als lachten sie. Verliebt ist Charles Dowding aber in Salatblätter. Er baut das ganze Jahr über Salat an und erklärt, wie man einen Anbauplan erarbeitet, was in einen Folientunnel muss, welche Sorte am besten in Töpfen gedeiht, im Gewächshaus oder im Balkonkasten. Nicht nur die lokalen Feinschmeckerlokale schätzen den Salat, auch die Schnecken. Gegen die hat er allerdings noch kein Rezept gefunden.

Weitere Informationen

Charles Dowding, Homeacres, Alhampton, Shepton Mallet, Somerset BA4 6PZ, Tel. 07922 71 97 65, www.charlesdowding.co.uk

Anmeldung: Für ein- oder mehrtägige Gärtnerkurse können sich Interessenten unter enquiries@charlesdowding.co.uk anmelden.

Wer mag, kann sich von Charles Dowding in die Kunst des Biogemüseanbaus einführen lassen – und mit allen Sinnen erfahren, wie sich Gärtnern im Einklang mit der Natur anfühlt.

Dinos und Millionärs- jachten

In der eher stillen Grafschaft Dorset mit ihrer 200 Millionen Jahre alten Geschichte finden Freunde des Erdaltertums an der Küste ein wahres Paradies. Doch auch die Liebhaber heutiger Zeiten sind hier richtig: Die Seebäder Bournemouth und Poole könnte man als Englands Antwort auf Amerikas Florida Keys bezeichnen.

Corfe Castle hat wie viele Burgen in Englands Süden seinen Ursprung in normannischen Zeiten.

Im ruhigen Landesinneren liegt Shaftesbury, noch geprägt von Reetdächern und unverputzten Kalksteinfassaden – besonders an der kopfsteingepflasterten Gasse Gold Hill.

Corfe Castle hat einmal Geschichte geschrieben, als hier der angelsächsische König Eduard ermordet wurde.

„Steam to the beach" lautet das Motto der Swanage Railway, die dank des großen ehrenamtlichen Engagements vor allem im Sommer wieder von Norden über Corfe nach Swanage ans Meer dampft.

Im Hinterland der Grafschaft Dorset erschließen sich noch die Reize des alten England.

Zu Fuß geht es im beschaulichen Lyme Regis schneller voran als mit dem Auto. Eine schmale Straße führt hinunter zum Meer. Eine Straße, die so breit ist wie ein Auto. Die Schriftstellerin Jane Austen – „Stolz und Vorurteil" ist eines ihrer bekanntesten Werke – machte mehrfach Urlaub in dem kleinen Hafenort. In ihren Romanen schwärmte sie vom Zauber der Landschaft und verewigte „The Cobb", eine lange graue Steinmauer, die wie ein krummer Finger ins Meer hineinragt.

Lyme Regis liegt mitten drin in der Jurassic Coast, die mit ihrem Namen an das Erdzeitalter Jura erinnert, dessen Ablagerungen hier so spektakulär zutage treten, dass es der UNESCO einen Welterbetitel wert war. Zwischen rotgoldenen Klippen und bernsteinfarbenen Sandstränden suchen Wissenschaftler und Souvenirjäger gleichermaßen nach Zeugnissen der Vergangenheit. In den Millionen Jahre alten Felsen finden sie unzählige Ammoniten – versteinerte Kopffüßer – und sogar die Spuren von viel größeren prähistorischen Zeitgenossen: Fußabdrücke von Dinosauriern! Die Bucht von Lulworth, früher Treffpunkt von Piraten, ist heute ein beliebter Touristenmagnet. Es gibt eine Toilette, einen Imbiss mit guter Eiscreme und ein Schlauchboot, das zum Kreidefelsen

Bat's Head (Fledermauskopf), zum Felsbogen Durdle Door (Durchbohrte Tür) und zu schönen Sandstränden ablegt.

Stilles Dorset

Im Hinterland der Grafschaft Dorset erschließen sich noch die Reize des alten England. Das Landesinnere bestimmen einsame, oft nebelbedeckte Heidelandschaften und Dörfer mit reetgedeckten Häusern und Gebäuden aus Sandstein, im Sommer leuchten die Rapsfelder. Corfe ist eines dieser Nester mit einer 1000 Jahre alten Burgruine, die über dem gleichnamigen Dorf mit seinen windschiefen Häusern thront. Angeblich wurde hier der angelsächsisch-christliche König Eduard, „der Märtyrer", im Jahr 978 auf Veranlassung seiner Stiefmutter ermordet. Über den verwitterten Toren der Burg sind Scharten eingelassen, die bei der Verteidigung der Anlage als Öffnungen für heißes Wasser, siedendes Pech oder flüssiges Blei dienten. Die eindrucksvolle Ruine ist im Besitz des National Trust.

Dorchester war einst das Zentrum der Grafschaft. Hier lebte der Schriftsteller Thomas Hardy – sein Roman „Tess of the d'Urbervilles" wurde von Roman Polanski verfilmt. Die literarische Newcomerin Virginia Woolf und der Dramatiker George Bernard Shaw waren

Durdle Door ist eine der Attraktionen
in der hufeisenförmigen Bucht von Lulworth.

Kein kleinerer oder größerer Herrensitz ohne
Gartenpracht – Minterne House in der Nähe
von Cerne Abbas macht da keine Ausnahme.
Der Garten ist besonders schön, wenn die
Azaleen und Rhododendren blühen

Die weit ins Meer ragende Landspitze Bill of Portland wird seit 1906 von einem Leuchtturm markiert. Einen typisch englischen Strand hat Boscombe, ein Stadtteil von Bournemouth.

gern zu Gast in Hardys Villa. Seit 1931 erinnert ein Denkmal an den Dichter. In seinem Umfeld schlägt der Puls des Lebens langsam, und das hat mit den Römern zu tun. Die von riesigen Kastanien- und Ahornbäumen gesäumten Roman Walks sind eingeebnete römische Befestigungsanlagen, auf denen es sich vorzüglich spazieren lässt. Weil der Ort für die Römer prestigeträchtig war, bauten sie das Amphitheater Maumbury Rings, Bürgersteige und Bäder, fast so schön und groß wie in Bath. Mittelalterliche Bauten kamen hinzu, etwa das im Tudorstil gebaute Armenhaus. Später bereicherten viktorianische und, in den Jahren vor dem Ausbruch des Ersten

Weltkriegs, edwardianische Gebäude das Stadtbild. Doch das architektonische Potpourri in Dorchester wirkt harmonisch. Und obwohl man seinen Espresso wie überall bei einer amerikanischen Kaffeehauskette trinkt, scheint die Modernität hier weit weg zu sein. Dorchester schafft ein Bewusstsein für die Verbindung zwischen Vergangenheit und Zukunft.

Surfspot und Blümchentapete

Bournemouth ist die Stadt der winkenden Mütter. Hier wurden Generationen von Schülern abgeliefert, um in englischen Familien die Sommerferien zu verbringen und gutes Englisch zu lernen.

Auch wegen der vielen Sprachschüler bietet Bournemouth ein junges Stadtbild.
Diese bevölkern nachmittags die Straßen der Innenstadt, ...

... betrachten ausgiebig die Auslagen in der Old
Christchurch Road ...

... und lassen sich natürlich auch Scones mit
Clotted Cream schmecken.

Die Bournemouth Arcade in der Old Christchurch Road –
eine Flaniermeile seit 1885

„Don't just believe
the hype …come see
for yourself!" – an
Selbstbewusstsein fehlt
es Bournemouth nicht.

Dem Seebad sieht man seine 200 Jahre nicht an. Im Gegenteil: Modern, aufgeschlossen und kein bisschen zugeknöpft wirkt es: „Don't just believe the hype… come see for yourself!" – an Selbstbewusstsein fehlt es Bournemouth nicht.

Mit der kleineren Nachbarstadt Poole ist Bournemouth eine dauerhafte Verbindung eingegangen. Am Poole Quay dümpeln die Jachten der Millionäre, Fischer bieten hier ihren nächtlichen Fang an. In den Fußgängerzonen findet sich ein buntes Sammelsurium aus Geschäften, Pubs und Cafés, wo Taucher eine Auszeit von ihren Unterwasserfreuden am künstlichen Riff nehmen, Surfer und Kitekünstler die besten Surfspots diskutieren. Als international renommiertes Wassersportzentrum haben sich die Zwillingsstädte längst etabliert. Bournemouth und Poole sind Englands Antwort auf die Florida Keys.

Dabei blieben Bournemouth und Poole englische Seebäder. Trotz aller Ablehnung des Antiquierten leben hier britische Traditionen unverändert fort. So existieren noch einige der bunten Strandhütten, die aussehen wie kleine Fischerhütten. Die „Granny Hotels" mit altmodischer Blümchentapete und Familienanschluss gibt es ebenfalls noch. Nebenan steht allerdings das durchgestylte Boutique-Resort mit schickem Designerbad.

POUNDBURY

Ein Leben nach Plan

Es war einmal ein Prinz mit Visionen. Auf Grundlage seines Buches
„A Vision of Britain: A Personal View of Architecture" ließ Prinz Charles
Poundbury verwirklichen. Die auf fruchtbarem Ackerland erbaute,
seit 1993 existierende Vorstadtsiedlung westlich von Dorchester
spiegelt anschaulich seine persönliche Ansicht von Architektur.

Das Herz Poundburys ist der Marktplatz Pummery Square – Queen Mother Square ist in Planung – mit Supermarkt, Pub, Cafés und Läden. Die Häuser sind ein Stilmix der Vergangenheit: edwardianisch, georgianisch, klassizistisch, aus rotem Backstein oder ambrafarbenem Kalkstein. Die mit einheitlich bepflanzten Blumenkübeln dekorierten Fassaden sind in Creme- und Elfenbeintönen gestrichen. Nur hin und wieder ein Spaziergänger. Poundbury, so scheint es, ist ein seelenloser Ort ohne Tiefe.

Ein bisschen Idealwelt

Das England mit den For-Sale-Schildern, billigen Pensionen und schäbigen Promenaden existiert hier nicht. Discounter wie „Poundstretcher" oder „99 p" sind ein No-Go. Was hat sich Prinz Charles dabei gedacht? Er wollte eine Antwort geben auf die „ungebrochene Hässlichkeit und Mittelmäßigkeit" typischer Wohnsiedlungen. Und er strebe die „soziale und ökonomische Mischung eines traditionellen Dorfes" an. Dabei ignorierte er jedoch die kulturelle und ethnische Vielfalt stadtnaher Dörfer. Dennoch, „Charleyville" ist keine Enklave für Wohlhabende. Sozialer Wohnungsbau steht hinter jedem fünften Haus, wobei viel Wert darauf gelegt wird, dass der Unterschied zwischen teurem Eigenheim und staatlich geförderten Gebäuden kaum auszumachen ist.

Individualität stört hier eher

Bereits beim Hausbau unterwirft sich der Eigentümer den rigiden Statuten der vom Prinzen auferlegten und fast 20 Seiten umfassenden „Poundbury Design Guidance": Vom Türknopf bis zur Dachrinne ist jedes Detail vorgeschrieben. Beim Neuanstrich muss die farbliche Nuancierung genehmigt werden. Schließlich störe zu viel Individualität das Gesamtbild. Weil dem Ökobauern Prinz Charles Solarzellen und Satellitenschüsseln missfallen („lenken vom Gesamtbild ab"), gibt es Kabelfernsehen. Vorgärten sind komplett tabu, weil sie das „Gemeinschaftsgefühl stören". Autos müssen hinter dem Haus abgestellt werden. Durch den Ort führen enge, kurvige Straßen, damit nicht gerast wird. Immerhin etwas – die Unfallstatistik liegt weit unter dem Durchschnitt.

Trotz allem ein Riesengeschäft

Grund und Boden von Poundbury gehören zum Herzogtum Cornwall, dessen Eigentümer der Thronfolger ist. Rentiert hat sich das Unternehmen zweifellos: Vor der Grundsteinlegung bezifferte sich der Wert der 162 Hektar auf 16 Millionen Pfund, 17 Jahre später auf zehnmal soviel. Grundbesitz in Poundbury ist begehrt, die Preise sind happig. Für das Jahr 2025 ist die Fertigstellung der letzten Bauphase geplant. Dann sollen hier 5000 Menschen leben. Bislang sind es 2000, von denen die Hälfte im Rentenalter ist.

Auf der Terrasse des „Café Octagon" sitzen zwei ältere Herren unter zurechtgestutzten Bäumen. „Finally spring weather, I like that", sagt der eine – schließlich sei es doch noch Frühling geworden. Der andere taxiert ihn und fragt: „Are you just retired?" (Gerade pensioniert?)

Für kleine Blumenrabatten ist auch in Poundbury Raum – sofern es überall die gleichen sind (oben).

Der Postbote kommt noch zu Fuß in die Stadt (unten).

„Pets", kleine Haustiere also, sind im Plan für Poundbury durchaus vorgesehen.

> Die farbliche Nuancierung muss genehmigt werden. Schließlich störe zu viel Individualität das Gesamtbild.

Badefreuden und Dinosaurierspuren

Im Süden der Grafschaft, an der Jurassic Coast, locken Fossilien und Fußabdrücke von Dinosauriern. In Bournemouth und Poole, dessen Hafen weltweit der zweitgrößte nach dem von Sydney ist, finden World-Cup-Veranstaltungen im Wind- und Kitesurfen statt, Polo-, Golf- und Tennisturniere locken eine betuchte Klientel an.

❶ Bournemouth

Die selbst ernannte „Coast with the Most" hat sich zu einer der vielseitigsten Urlaubsregionen Südenglands entwickelt. Sie gilt als die wärmste, regenärmste und sonnigste Englands. Bournemouth, das sich im 19. Jh. entwickelte, und Poole, dank seines Naturhafens bereits im 13. Jh. erwähnt, sind zusammengewachsen (zusammen 390 000 Einw.), ihre Küsten bieten Wassersport, lauschige Buchten, feine Sandstrände und ein künstliches Korallenriff. Cafés und Restaurants, gepflegte Parks und Gärten sowie niveauvolle kulturelle Angebote lassen keine Langeweile aufkommen.

SEHENSWERT

Um die Parks und Gärten von Bournemouth kümmern sich rund 200 Gärtner. Das ganze Jahr über kann man in **The Rockery** eine Farborgie bewundern. Auf dem **Garden Tree Trail**, in zwei Stunden zu erwandern, gibt es eine Lehrstunde im Erkennen von Baumsorten.

Am Pier von Bournemouth (links), Badespaß am Strand im Stadtteil Boscombe (rechts)

Tipp

Erlebnis Südwestengland

Der South West Coast Path National Trail ist der längste Wanderweg Großbritanniens ist, 1000 km von Minehead am Bristol Channel über Lands End zum Hafen von Poole. Auch für Anfänger ist die Route geeignet, denn Teilstrecken verschiedener Schwierigkeitsgrade können überall begonnen und beendet werden. Der Küstenpfad lässt sich ganzjährig begehen. Die Belohnung: atemberaubende Küstenlandschaften und Erholung für Körper und Geist.

INFORMATION

Englischsprachige Informationen unter www.southwestcoastpath.com

MUSEEN

Die **Russel-Cotes Art Gallery and Museum** in der viktorianischen Villa in East Cliff Hall zeigt Werke zumeist englischer Künstler sowie Sammlungen anderer Museen (Russell Cotes Road, Bournemouth, www.russellcotes.com, Di.–So. 10.00–17.00 Uhr). Der Eingang aus Stahl und Glas täuscht: Der Hauptteil des **Poole Museum** liegt in den mittelalterlichen Stadtkellern; im Fokus stehen regionale Funde wie ein Holzboot aus der Eisenzeit und Töpferkunst (Poole Museum, 4 High Street, www.poolemuseum.co.uk, April–Okt. Mo.–Sa. 10.00–17.00, So. 12.00–17.00, sonst Di. bis Sa. 10.00–16.00, So. 12.00–16.00 Uhr). Das Leben im und am Meer in den verschiedenen Klimazonen ist Thema des **Oceanarium** (Pier Approach, West Beach Bournemouth, www.oceanarium.co.uk, tgl. 10.00–17.00 Uhr).

AKTIVITÄTEN

Die 12 km langen Sandstrände von Bournemouth und Poole sind eine einzige Einladung zum **Wassersport**. Die Strände, darunter Studland Beach und Sandbanks Beach, sind sicher und sauber. Die Bucht verlockt zum **Bootfahren** – Delfinsichtungen sind häufig. Ebenfalls beliebt ist **Kanufahren** mit dem Ziel Arne Nature Reserve nahe Wareham, wo seltene Vogelarten und Robben zu sehen sind.

VERANSTALTUNG

Sandbanks Beach ist im Juli Schauplatz der **British Beach Polo Championships**, einer der Glamour-Veranstaltungen in Großbritannien; neben den Top-Polospielern und Pferden gibt sich die Hautevolee die Ehre (Sandbanks Beach, Beach Road, Poole, www.sandpolo.com).

EINKAUFEN

Typisch englisch: in Boutiquen und Einkaufszentren shoppen und dann eine Teestunde mit Gurkensandwiches und Kuchen. Bournemouth hat viele Fußgängerzonen mit bekannten Kaufhäusern. Daneben gibt es individuelle Shops, Buch- und Trödelläden sowie Schuhgeschäfte. Ein gigantisches Einkaufsparadies ist das **Castlepoint Shopping Centre** – wer hier vorbeischaut, braucht woanders nicht mehr zu

suchen (Castle Lane West, www.castlepoint
shopping.com, Mo.–Fr. 9.00–20.00, Sa. 9.00 bis
19.00, So. 10.30–16.30 Uhr).

HOTELS UND RESTAURANTS

Nicht ganz günstig, aber jeden Penny wert, ist
das € € € / € € **Hotel du Vin** mit eleganten
Zimmern und Suiten. Das Hotelrestaurant
€ € € / € € **Bistro du Vin** hat angeblich den
besten Weinkeller weit und breit (The Quay,
Thames Street, Poole BH15 1JN, Tel.
01305 81 90 27, www.hotelduvin.com). Themen-
orientiertes Übernachten bietet das Hotel € €
The Balincourt (58 Christchurch Road, Bournemouth BH1 3PF, Tel. 01202 55 29 62, www.ba
lincourt.co.uk). € € / € **The Cumberland Hotel** ist komplett im Art-déco-Stil gehalten,
stammt aus den 1930ern und weist Details aus
dieser Epoche auf (East Overcliffe Drive,
Bournemouth BH1 3AF, Tel. 01202 29 83 50,
www.cumberlandhotel.oceana-collection.
com). Englische Küche mit regionalem Touch,
etwa Wildchampignons aus dem nahen New
Forest, werden im € € **West Beach Restaurant** vor den Augen der Gäste zubereitet (Pier
Approach, Bournemouth, Tel. 01202 58 77 85,
www.west-beach.co.uk). Direkt am Meer liegt
das € € / € **Urban Reef** mit einem herrlichen
Blick auf die Bucht von Bournemouth und
Poole (The Overstrand, Undercliff Drive,
Boscombe, Tel. 01202 44 39 60, www.urban
reef.com).

UMGEBUNG

Auf **Brownsea Island**, einer von fünf Inseln in
der Bucht von Poole, leben die unter Natur-
schutz stehenden roten Englischen Eichhörn-

chen. Ausgerüstet mit einem Picknickkorb,
kann man vom Kai in Poole eine Fähre nehmen
und die Nager sowie Alpenstrandläufer, Eisvö-
gel, Fasane und Pfauen erleben. Die Insel ist
durch die Gezeitenkräfte stark bedroht. Jährlich verliert sie mehrere Millionen Kubikmeter
Sand. Hier gründete Robert Baden-Powell 1907
die Pfadfinder-Bewegung.
Mitten auf der Halbinsel Isle of Purbeck liegt
Corfe mit dem Corfe Castle Museum, einem
kleinen Geschichtsmuseum. Artefakte aus der
Saurierzeit über die sächsische Besiedlung bis
zum Bau der Burg Corfe durch die Normannen
und den englischen Bürgerkrieg erzählen von
bald 2000 Jahren regionaler Geschichte (www.
corfe-castle.co.uk, tgl. 10.00–17.00 Uhr).

INFORMATION

Bournemouth Tourist Information Centre,
Pier Approach, Bournemouth BH2 5AA, Tel.
01202 451734, www.bournemouth.co.uk
Poole Tourist Information, Poole Museum,
4 High Street, Poole BH15 1BW, Tel. 01202
26 26 00, www.pooletourism.com

② Weymouth

Zum Ferienort Weymouth mit langem Sand-
strand gehört die Halbinsel von Portland
(64 000 Einw.). Hier steht Erholung im Zentrum.
Düster: Man glaubt, über den Hafen von Weymouth sei 1348 die Pest nach England gekommen. Bei den Olympischen Spielen 2012 in
London waren Weymouth und Portland Aus-
tragungsorte der Segelwettbewerbe.

VERANSTALTUNG

Die sommerlichen **Beach Volleyball Classics**
sind das größte britische Volleyballturnier.

UMGEBUNG

Zum 400 Jahre alten, wehrhaft wirkenden
Lulworth Castle (www.lulworth.com) gehören üppige, fast 5 ha umfassende Landschafts-
gärten. Von hier aus gelangt man schnell zur
nahen Jurassic Coast, die seit 2001 als

*Riese von Cerne Abbas (oben)
„Bewohner" des Dinosaur Museum (unten)*

**Dorset and East Devon Coast World Heri-
tage Site** zum Weltnaturerbe der UNESCO gehört. Sie umfasst die rund 59 km lange, schöne
Küstenlinie von East Devon nach Dorset, an
der versteinerte Fußspuren von Dinosauriern
und Wellenabdrücke zu sehen sind. Bootsfahrten laden dazu ein, die Küste vom Meer aus zu
entdecken. Ganzjährig werden von Besucher-
zentren und Museen geführte Touren an der
Küste angeboten (www.jurassiccoast.org).

INFORMATION

Weymouth Tourist Information Centre, Colwell
Shopping Centre, School Street, Weymouth
DT4 8NJ, Tel. 01305 78 32 25, www.visit-wey
mouth.co.uk

③ Dorchester

Etwas südw. des Zentrums liegt mit Maiden
Castle eine der Keimzellen Dorchesters (16 000
Einw.). Mit der Eroberung dieser Eisenzeit-Wall-
anlage war die römische Invasion um 70 n. Chr.
abgeschlossen. Die Stadtgeschichte lässt sich
auf einem der historischen Rundgänge erkunden. Der Roman Town Walk (römischer Rund-
gang), der Gallows Walk (Galgen-Rundgang), der
Town and River Walk und der Thomas Hardy
Walk widmen sich lokalen Themen.

*Dorchester schafft ein Bewusstsein
für die Verbindung zwischen
Vergangenheit und Zukunft.*

SEHENSWERT

Borough Gardens, angelegt vom Landschaftsgärtner William Goldring, öffnete seine Pforten 1896. Im Frühjahr und im Sommer finden hier Livekonzerte und Bowlingwettbewerbe statt (www.borough-gardens.co.uk).

MUSEEN

Lebensgroße Dinosauriermodelle, Skelette, Fossilien und vieles mehr zeigt das familienfreundliche **The Dinosaur Museum** (Icen Way, www.thedinosaurmuseum.com, April–Sept. tgl. 10.00–17.00, sonst tgl. 10.00–16.00 Uhr). Seit 1846 existiert das **Dorset County Museum**, dessen Stolz ein riesiger Pliosauruskiefer ist, der in der Region entdeckt wurde. Daneben sind weitere Dinofunde zu sehen sowie Heimatkundliches (High West Street, www.dorsetcounty museum.org, April–Okt. Mo. bis Sa. 10.00–17.00, sonst Mo.–Sa. 10.00–16.00 Uhr).
Das **Terrakotta Warriors Museum** ist das einzige Museum außerhalb Chinas, das den Statuen gewidmet ist. Jede Figur wurde eigens angefertigt (High East Street/Salisbury Street, www.terracottawarriors.co.uk, April–Okt. tgl. 10.00–17.00, sonst tgl. 10.00–16.30 Uhr).
Von **Maiden Castle** sind noch 25 m hohe Erdwälle gut erhalten (1000 v. Chr.); sie umfassen ein 50 Fußballfelder großes Areal, auf dem einst mehrere Hundert Menschen lebten.

HOTEL

Ein klassisch-römisches Gebäude mit Backsteinfassade von 1815 wurde in das hübsche **€ / €** **Westwood House** mit sieben großen Zimmern umgewandelt (29 High West Street, Dorchester DT1 1UP, Tel. 01305 26 80 18, www.westwoodhouse.co.uk).

UMGEBUNG

Das Geburtshaus des für seine realistischen, unsentimentalen Schilderungen bekannten Schriftstellers Thomas Hardy (1840–1928), **Hardy's Cottage** in Higher Bockhampton (5 km nordöstl.), in dem er bis zum 35. Lebensjahr gewohnt hat, und das spätere Wohnhaus **Max Gate** (östl. Stadtrand) sind zu besichtigen (Hardy's Cottage, Higher Bockhampton, Mitte März–Okt. Mo.–Do., So. 11.00–17.00 Uhr; Max Gate, Alington Avenue, www.hardycountry.org, April–Okt. Mi.–So. 11.00–17.00 Uhr).
Mehr als 150 Militärfahrzeuge aus 26 Ländern sind im **Tank Museum**, dem Museum des königlichen Panzerregiments und der Garde, zu betrachten (Linsay Road, Bovington, www.tankmuseum.org, tgl. 10.00–17.00 Uhr).
In der Nähe von **Cerne Abbas** (10 km nördl.) rätseln Forscher um einen nackten, vor 300 Jahren erstmals beschriebenen Mann. Um die Entstehung und deren Datierung spinnen sich Legenden. Der 55 m große Riese von Cerne Abbas ist eine Hügelfigur, deren Umrisse ins weiße Kalkgestein eingeritzt wurden. Das wohl bekannteste Detail an ihm ist der exorbitante Penis – gelegentlich soll es hier noch zu Fruchtbarkeitsritualen kommen.

INFORMATION

www.visit-dorchester.co.uk

Genießen   Erleben   Erfahren

DuMont
Aktiv

Geschenkkörbe und Klatsch

Die Tage der englischen Bingohallen sind gezählt. Schließlich ist es viel bequemer, das Spiel zu Hause vor dem Computer online zu spielen. Es ist also höchste Zeit, sich diese Art des Zeitvertreibs noch einmal anzusehen.

Frauen mittleren Alters sind die typischen Besucher einer Bingohalle. Während die Männer lieber auf Rennpferde, Greyhounds oder Rugbyergebnisse setzen, lieben Frauen das auf reiner Intuition beruhende lottoähnliche Bingospiel. Für sie ist die Bingohalle ein moderner Waschplatz, ein Kaffeehaus ohne Kuchen, ein Ort für Klatsch und Tratsch.

In kleinen Dörfern ist das Ganze eher ein ungezwungenes Beisammensein, der regionale Pub-Besitzer ruft die Zahlen aus, die Atmosphäre ist familiär. Jeder Spieler sitzt vor einem Schirm und rückt einen Schieber über die gerufene Zahl. Wer alle Zahlen hat, ruft „Bingo!" Die Gewinne können gefrorene Gänse, Geschenkkörbe oder Kuscheltiere sein. Sogar in Dorfgemeinschaftshäusern und Schulen wird Bingo gespielt, die Gewinne kommen zu hundert Prozent karitativen Einrichtungen zugute. Sogar Kinder dürfen mitmachen.

In größeren Orten ist Bingo hingegen ein Riesengeschäft. Die Gewinne sind lukrativ, und der feste Glaube an einen Glückstreffer treibt die Spieler an. So sind im Club Grand Bingo in Bournemouth am traditionellen Sonntagabend eindrucksvolle 200 000 Pfund zu gewinnen.

Weitere Informationen

Club Grand Bingo, 40 Poole Road, Bournemouth, Tel. 01202 76 31 18, tgl. geöffnet

Gemütlich ist es nicht in Bigohallen. Dem Aufkommen des Fernsehers in den Living Rooms der 1970er-Jahren ist es zu verdanken, dass meist in ehem. Kinosälen gespielt wird, ausgestattet mit hässlichem Plastikmobiliar.

Rentner, Hausfrauen, Menschen wie du und ich: Die Hoffnung auf den Gewinn und die Lust am Spiel treibt viele Briten in Pubs und andere Spielstätten.

Schwarm-geister und Graffiti

Im ländlich geprägten Somerset reifen Trauben für Wein, spinnen sich Mythen und Legenden um die Artus-Sage. Als spannende Kontrapunkte dazu bietet die Grafschaft Avon das imposante Bath und das großstädtische Bristol auf, wo Fassadenbilder die Probleme der Welt spiegeln.

Im Schatten der ehemaligen Abteikirche von Bath lässt sich gut flanieren: Abbey Green.

Hinter der Broad Street und dem Roman Bath ragt die Bath Abbey auf (oben links und rechts). Fürs Shopping bietet sich die New Bond Street an, für einen gemütlichen Sommerabendtreff der Royal Victoria Park, vom Royal Crescent flankiert.

Die Scones warten schon – im „The Bath Bun Tea Shop" am Abbey Green.

Bath Ales wie das Gem werden im „Salamander" in der John Street ausgeschenkt.

Ein Bild wie zu Zeiten, als England die Welt beherrschte:
Empire Building am River Avon mitten in Bath

Auf Konstanten ist in England Verlass: florale Muster und Gin Tonic, Traditionen und Konventionen, Abteien und Kathedralen. Eine Stadt tritt den Beweis an, dass Altes über Jahrhunderte en vogue sein kann: Bath, das städtebauliche Gesamtkunstwerk aus georgianischen und viktorianischen Bauten, Parks und Terrassen mit ein paar Einsprengseln römischer Baukunst. Schon die Lage ist unübertroffen. Auf der einen Stadtseite schiebt der Fluss Avon seine Wasser vorbei, auf der anderen erhebt sich die Hügelkette der Cotswolds.

Vor 2000 Jahren hatten die Römer Britannien erobert und bald auch die einzigen Thermalquellen Englands entdeckt. Weil das Badeleben zu ihrer Kultur gehörte und sie seit Langem über eine bewährte Technologie verfügten, errichteten sie in „Aquae Sulis" einen prachtvollen Thermenkomplex. Dieser etablierte sich bald als Treffpunkt für Wohlhabende der britisch-römischen Welt. Neben dem Baden und Saunieren wurde hier kräftig debattiert, intrigiert und hofiert. Auch die Normannen fanden Gefallen an der Körperpflege, bis Heinrich IV. dem – angeblich unsittlichen – Treiben ein Ende bereitete. Erst der Besuch von Königin Elisabeth I. im Jahr 1574 ließ Bath erneut aufblühen, das Heilbad fand anschließend wieder Anklang beim Adel.

Die Kathedrale von Wells ist ein nahezu unverfälscht erhaltenes Beispiel für die frühe englische Gotik (oben), zu der auch ein wunderbarer Kreuzgang gehört (unten rechts). Auch Bath Abbey hat ihren Ursprung im Mittelalter, wurde aber im 16. und 19. Jahrhundert erneuert (unten links).

Mit der Geschichte verwoben

Doch erst der Gesellschaftslöwe Richard „Beau" Nash, illustre Figur und genialer PR-Mann zugleich, brachte im 18. Jahrhundert die Prominenz nach Bath – Ballhäuser, Theatersäle, Plätze und Kaffeehäuser wurden Anziehungspunkte für Adel und Großbürgertum. Der Bauunternehmer John Wood und sein Sohn errichteten für diese Klientel ein „neues Rom": The Parades, The Circus, The Crescent am imposanten Royal Victoria Park – architektonische Meisterstücke. Nach der Ausgrabung und Restaurierung der römischen Ruinen entstand 1889 ein Kurort moderner Prägung.

Bath erhielt im Jahr 1987 von der UNESCO eine Einstufung als Welterbestätte, was nicht nur den Tourismus

Mit großem finanziellen Einsatz wird die steinerne Vergangenheit instand gehalten.

fördert, sondern auch Verpflichtungen mit sich bringt: Mit großem finanziellen Einsatz wird die steinerne Vergangenheit instand gehalten. Irgendwo wird immer etwas repariert, in Ordnung gebracht oder ausgebessert. Blickt man in die Wohnungen rund um The Circle, sind Kristalllüster, handgewebte Tapeten, eine elegante Parkettierung und geschnitzte Salontische nicht unüblich. Auf diese Weise blieben viele Bewohner von Bath sehr eng mit der Historie verwoben.

Blick ins Alltagsleben

Ein Besuch im malerischen Frome gleicht einer Zeitreise. Mittelalterliche Gassen mit Kopfsteinpflaster verleiten zu Spaziergängen in die Vergangenheit, etwa auf der Stony Street. Bevor

Das Wetter kann hier auch sehr viel rauer sein, das zeigen die zerklüfteten Felsen von Combe Martin (oben). Eine spirituelle Hochburg ist der ehemalige Kirchturm auf dem Glastonbury Tor, einem weithin sichtbaren Hügel, wie hinter der Drachenskulptur zu erkennen ist (unten).

In den Höhlen der Cheddar Gorge
reifen Käse-Köstlichkeiten.

Den Vorgängerbau von Glastonbury Abbey soll Josef von Arimathäa veranlasst haben, um eine Herberge für den Heiligen Gral zu schaffen. Nach der Kreuzigung Jesu hatte es seinen Jünger hierher verschlagen

Kaufleute in die Gentle Street zogen, hieß diese noch Hunger Street. Als archaisches Glanzlicht wird sie nur von der Cheap Street übertroffen, eine gern genutzte Filmkulisse. Mit einer im Boden verlaufenden Abwasserrinne ist sie eine der am besten erhaltenen mittelalterlichen Straßen Englands.

Die Region um Shepton Mallet und Wincanton kann nicht mit Sensationen dienen, offeriert dafür Begegnungen mit den alltäglichen Dingen des südenglischen Landlebens: ein Croquetspiel ganz in Weiß gekleideter Damen, ein Rothirsch im weichen Licht der Abenddämmerung, ein Oldtimertreffen vor dem lokalen Pub.

Geistheiler und Tarotkarten

In Glastonbury wird dagegen dick aufgetragen. Was Mythen und Legenden angeht, Fiktion und Spekulation, ist die Fantasie hier grenzenlos. Im Jahr 1191 hatten die Mönche der Abtei Glastonbury die Nachricht verbreitet, die Gebeine von König Artus und die seiner Gemahlin Guinevere gefunden zu haben. Seitdem war die Abtei eine der wichtigsten Pilgerstätten des Christentums. Und seit Jahrhunderten werden Geschichten um den legendären König und seine Ritter gesponnen, nunmehr vornehmlich von New-Age-Hippies, heute der Rentnergeneration angehörend, die der Stadt ihren Stempel aufgedrückt haben.

Bristols Hauptbahnhof, einer der ältesten Großbritanniens, erinnert mit seinem Namen Temple Meads an den Templerorden, der bis zu seiner Auflösung im 14. Jahrhundert großen Einfluss in der Region hatte.

Trödel-Liebhaber aufgepasst: In Bristols Colston Street reihen sich kleine, auch kuriose Geschäfte aneinander.

Bristol gilt spätestens seit dem Graffiti-Künstler Banksy als Hauptstadt der Street-Art.

Vorsicht vor diesen Damen:
Halloween-Party in Bristol

„Bristol hat alles, was London hat, nur ist es hier übersichtlich, und man kann atmen."

Blog-Charakterisierung von Bristol

In den Läden wimmelt es nur so von Tarotkarten, Pendeln, Flatterkleidern, Buschtrommeln und Angeboten von Geistheilern.

Die Schwäne von Wells

Die Kathedralenstadt Wells ist mit lediglich 12 000 Einwohnern „Englands kleinste Stadt". Stadtrechte hat Wells wegen der eindrucksvollen Kathedrale aus dem 13. Jahrhundert, deren 300 erhaltene gotische Skulpturen wie mahnende Geister auf die Straßen herabschauen. Der Bischofspalast mit seinen Arkaden und dem bunten Kirchenfensterglas ist übrigens bewohnt, und zwar vom amtierenden Bischof von Wells und Bath. Im bischöflichen Wassergraben paddeln die Nachkommen der Schwäne, die einst eine Glocke läuteten, wenn sie gefüttert werden wollten. Man sieht viele Kinder und Jugendliche in Schuluniformen, denn Wells hat mehrere Internate und Schulen von Weltruf: darunter die Cathedral School, seit über 1000 Jahren eine der renommiertesten englischen Musikschulen.

Orte der Zerstreuung

Somerset ist ländlich geprägt, bekannt als Grafschaft, „in der die Äpfel für den Wein wachsen". Doch der Cider, über Jahrhunderte als „Heilmittel für alles"

propagiert, wird immer weniger konsumiert, die Obstplantagen werden eine nach der anderen durch Weingärten ersetzt. Vor allem in den Mendip Hills nördlich von Wells sorgen das milde Klima und Kalksteinböden für gute Resultate beim Weinanbau. Hier findet man auch die effektvoll ausgeleuchteten Grotten von Cheddar Gorge. In den Höhlen wurden prähistorische Funde wie der steinzeitliche „Cheddar Man" gemacht. Der gleichnamige Käse kommt übrigens nur als abgepacktes Quadrat in den Verkauf.

Somersets Gestade grenzen nicht ans Meer, sondern an den Bristol Channel, am Horizont ist als gegenüberliegendes Ufer Wales erkennbar. Die Küstenstädtchen Western super Mare, Burnham on Sea und Minehead sind eher Orte der Zerstreuung als der Erbauung – mit Spielhallen, Bars und Campingplätzen. Very british! Weiter gen Westen wird die Küste spektakulärer, mit wilden Felsformationen, gefährlichen Klippen und ohrenbetäubender Brandung. Die Heidelandschaft des Exmoor-Nationalparks lädt zum Wandern und Reiten ein. Die brave Exmoor-Ponys tragen Touristen durch die Gegend, vorbei an klaren Flüssen und an Schafen, die auf den satten grünen Wiesen wie weiße Punkte leuchten.

GALOPPRENNEN IN BATH

A Day at the Races

*Auf der Rennbahn in Bath – genauer: in Lansdown, einem Örtchen vor den Toren
der Stadt – steht ein hochsommerlicher Abendrenntag auf dem Programm.*

Ja wo laufen sie denn? Auf der Rennbahn von Bath geht es rund.

My Meteor sieht gut aus. Gelassen schreitet er durch den Führring, das braune Fell glänzt, die Augen sind wachsam. Trainer Tony Newcombe ist aus Barnstaple, der Provinz, gekommen, um mit dem vierjährigen Vollbluthengst das dritte Rennen zu gewinnen.

Das Publikum spiegelt die englische Klassengesellschaft und teilt sich auf drei Bereiche: die Logen mit Premium-Sicht auf den Zielpfosten, die „Grandstand"-Tribüne für die Mittelschicht, der grüne Rasen für den Rest. Das günstigste Ticket kostet 15 Pfund, das zeigt den Stellenwert, den Pferderennen in England haben.

Das Pimms-Zelt ist bestens besucht. Die Stimmung ist hier fröhlich bis ausgelassen. Männerhor-

den feiern Junggesellenabschiede, Frauengrüppchen das Pendant. Und wo Engländer feiern, da geht es laut zu. Die Kleidung an diesem Schönwetterabend ist bei den Damen sparsam bemessen und bei den Herren leger – um es höflich zu formulieren. Die Besucher von Logen und „Grandstand" befolgen hingegen den berüch-

tigten unerbittlichen Dresscode. Hier gilt: keine Jeans, keine kurzen Hosen, keine Basecaps!

Ein festes Ritual

Tony Newcombe gibt seinem Jockey die Reitorder. My Meteor hat sieben Gegner, darunter Miss Firefly, die Stute in Superform, und Stenorian, den heißen Favoriten aus dem Rennstall des schwerreichen Scheichs Mohammed. Newcombe ist einer von den „Kleinen", verglichen mit dem britischen Geldadel und den Scheichs.

Das so unorthodox scheinende Gewusel auf dem Rennplatz gehorcht in Wahrheit einem festen Ablaufplan: Parade im Führring, Aufgalopp, Boxenstart, Rennen, Siegerehrung, Wie-

Auf der Rennbahn und unter dem Rasen sind alle Menschen gleich.

Die Damen haben sich in Schale geworfen und dazu – ganz typisch – Hut oder Headpiece aus dem Schrank geholt (oben).

Die Galopprennen sind ein gesellschaftliches Event: Man trifft sich, trinkt, redet, feiert und fiebert zusammen (links).

gen der Jockeys – im 30-Minuten-Takt geht das so bis zum letzten Rennen. Alle stehen unter Spannung. Gerüchte und Tipps machen die Runde. Die Zocker studieren das Fachblatt „Racing Post", zählen ihr Geld und füllen Wetttickets aus.

Das Rennen mit My Meteor wird gleich gestartet. Die Pferde gehen in die Startboxen, die sich mit Kawumm öffnen. Die Pferde schießen heraus, die Zielgerade zum ersten Mal hinunter. Das Publikum feuert die Pferde an, das Donnern der Hufe ist bis auf die Tribüne zu hören. My Meteor hat sich aus einem der hinteren Ränge langsam nach vorne gearbeitet, wo das Scheich-Pferd galoppiert. Die Pferde sind in der Gegengerade und kommen mit

fliegenden Mähnen in den Schlussbogen. Auf der Zielgeraden fordert der Jockey My Meteor auf, sich länger zu machen. Und das tut er auch und fliegt mit drei Längen Vorsprung als Erster vor Stenorian ins Ziel. Tony Newcombe ist außer sich vor Freude, umarmt jeden, den er zu fassen be-

kommt. Ein Pferd aus Barnstaple hat dem Pferd von Scheich Mohammed die Hufe gezeigt! Auch auf den Tribünen herrscht Jubel über den Außenseitererfolg. Wieder einmal hat sich ein englisches Sprichwort bewahrheitet: „Auf der Rennbahn und unter dem Rasen sind alle Menschen gleich."

Fakten

. . . .

Bath Racecourse, Lansdown, Tel. 01225 42 46 09, www.bath-racecourse.co.uk
Seit 1811 werden in Bath Pferderennen veranstaltet. Pro Jahr gibt es rund 20 Renntage.

Römererbe und Artus-Legenden

In Somerset und Avon gibt es große Städte und einsame Natur, Hochmoore und Sandstrände. Auf der Suche nach Sinn kann die Reise bei den Abteien von Bath und Glastonbury beginnen oder in der Kathedralenstadt Wells.

➊ Bristol

Rund um den Floating Harbor, einem Arm des Avon, der die Altstadt wie ein Hufeisen umschließt, schlägt das Herz der Universitätsstadt (432 500 Einw.). Bristol war eine wichtige Hafenstadt seit normannischer Zeit bis Ende des 18. Jhs. durch den Handel mit Amerika. Heute bieten Kunst und Design, Galerien, Museen und Feste Unterhaltung auf engem Raum.

SEHENSWERT

Das erste ozeantüchtige schraubengetriebene Dampfschiff und nicht nur bei schlechtem Wetter eine Attraktion ist Brunel's **„Great Britain"** (Great Western Dockyard, www.ssgreatbritain. org, tgl. 10.00–17.30 Uhr, im Winter kürzer). Die gotische Architektur der 1440 erbauten **St. Mary Redcliffe Church** (Colston Parade, www.stmaryredcliffe.co.uk) und das Tudorhaus **The Red Lodge** mit seinem elisabethanischen Garten (Park Row, Ostern–Okt. Mi., Do., Sa., So. 10.30–16.00 Uhr) repräsentieren die mittelalterlichen Bauten der Stadt. Die **Straßenkunst** von Graffiti-Pionier Banksy ist auf Häuserwänden und in Galerien zu sehen (www.banksy. co.uk). Oberhalb der Stadt, am Westbury Park, liegt der Ortsteil **Clifton** mit schicken Läden, Cafés und vielen Studierenden. Die **Clifton Suspension Bridge**, Wahrzeichen von Bristol, führt seit 1864 in 75 m Höhe über die Avon-Schlucht (www.cliftonbridge.org.uk).

MUSEEN

Seit dem Jahr 1961 zeigt **Arnolfini** kontroverse Kunst, Tanz, Musik, Filme und Performances. Im ersten Stock liegt ein nettes Café mit Kunstbücher über Architektur, Mode und Design (16 Narrow Quay, www.arnolfini.org.uk, Di.–So. 11.00–18.00 Uhr). Ein multimediales Zentrum mit Kinos und Galerien ist **Watershed** (1 Canon's Road, www.watershed.co.uk, tgl. ab 10.00 Uhr). Das Museum **M Shed** ist der Stadt gewidmet – hiesigen Erfindungen, Architektur, Schifffahrt etc. (Princes Wharf, Wapping Road, www.bristolmuseums.org.uk, Di.–Fr. 10.00 bis 17.00, Sa., So. 10.00–17.00 Uhr). Zeitgenössische Kunst zeigt die **Galerie Spike Island** (133 Cumberland Road, www.spikeisland.org. uk, Di.–So. 12.00–17.00 Uhr).

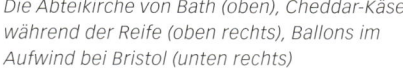

Die Abteikirche von Bath (oben), Cheddar-Käse während der Reife (oben rechts), Ballons im Aufwind bei Bristol (unten rechts)

The Royal West of England Academy stellt hochkarätige Künstler wie Damien Hirst aus (Queen's Road, Clifton, www.rwa.org.uk, Di. bis Sa. 10.00–18.00 Uhr, So. 11.00–17.00 Uhr).

AKTIVITÄTEN

Bristol hat ein gut ausgebautes Netz an **Fahrradwegen**, dazu gehört die 20 km lange Trasse zwischen Bristol und Bath (www.bristol bathrailwaypath.org.uk). Wegen der guten Thermik ist **Ballonfahren** sehr beliebt.

EINKAUFEN

Das Shoppingcenter **Cabot Circus** mit rund 90 Läden, Cafés, Restaurants, Minigolfplatz und Kino ist mit einer fußballfeldgroßen Glasfläche überdacht (Glass House, www.cabotcircus. com, Mo.–Sa. 10.00–20.00, So. 11.00–17.00 Uhr). Rund um den überdachten **St. Nicholas Market** (Corn Street, Wine Street, www.stnicholas marketbristol.co.uk) hat sich eine eigenständige urbane Gastroszene entwickelt. Künstler, Alternative und Touristen bevölkern den Markt

mit der lebhaften, doch gelassenen Atmosphäre. An den Ständen kann man essen, trinken und Leute beobachten. Auch Schmuck und Textiles werden feilgeboten. Hier findet sich sicher ein schönes Südengland-Souvenir.

HOTELS UND RESTAURANTS

Gegenüber den Märkten von St. Nicholas liegt das angenehme € € / € **Brooks Guesthouse** (St. Nicholas Court/Exchange Avenue, Bristol BS1 1UB, Tel. 0117 930 00 66, www.brooksguest housebristol.com). Im Stadtviertel Clifton bietet das € € / € **Clifton House** große Zimmer und kostenfreie Parkplätze (4 Tyndall's Park Road, Clifton, Bristol BS8 1PG, Tel. 0117 973 54 07, www.cliftonhousebristol.com).

INFORMATION

Tourist Information Centre am Hafen, E Shed, 1 Canons Road, Bristol BS1 5TX, Tel. 0906 711 21 91, www.visitbristol.co.uk

Ein Stück ursprüngliche Natur: Exmoor mit Ponys

 ## Bath

Die Parks, Straßen und Gebäude von Englands ältestem Kurbad Bath (84 000 Einw.) ergeben wegen ihrer georgianischen Architektur ein harmonisches Gesamtbild. Der Wellness- und Beautybereich „Thermae Bath Spa" geht auf einen Vorgänger aus der Antike zurück.

SEHENSWERT
Die **Roman Baths** sind Thermalbäder aus dem 18. Jh. Besucher erleben die Überreste der Bäder und Tempel und die Pracht des **Pump Room**, der Trinkhalle (um 1790), in dem heute ein Restaurant untergebracht ist. Der **Royal Victoria Park** (Marlborough Lane) wurde 1830 eröffnet und erstreckt sich über 15 ha. Hier findet im Sommer ein internationales Musikfestival statt. Gegenüber steht der

---

Tipp

Teatime in der Cathedral

In einem Säulengang im ersten Stock des Klosters aus dem 13. Jh. tischen drei Ladys Scones mit Erdbeermarmelade, Suppen und leichten Lunch auf. Währenddessen blickt man auf den Bischofssitz, auf bischöfliche Gräber und die herrliche Westfassade der Kathedrale mit den 300 Statuen. Das Café „Chapter Two" befindet sich in den ehemaligen Räumen des Chorleiters und hat sogar eine Alkohollizenz.

INFORMATION
Chapter Two, Wells Cathedral
Cathedral Green, Wells
Tel. 01749 67 44 83
www.wellscathedral.org.uk
April–Okt. tgl. 10.00–17.00 Uhr

---

bekannte **Royal Crescent** (1767). Die überraschend große **Bath Abbey** (16. und 19. Jh.), ursprünglich eine Klosterkirche, ist heute die Pfarrkirche.

MUSEEN
Ein kleines, feines Museum für herrschaftliche Wohnkultur ist **No. 1 Royal Crescent**, ein restauriertes georgianisches Stadthaus von 1774 (No. 1 Royal Crescent, www.no1royalcrescent.org.uk, Mo. 12.00–17.30 Uhr, Di.–So. 10.30–17.00 Uhr). Aktuelle Modetrends und Kostüme aus Hollywood-Filmen sind im **Fashion Museum** zu sehen (Assembly Rooms, Bennett Street, www.fashionmuseum. co.uk, März–Okt. tgl. 10.30–17.00 Uhr, sonst kürzer). Eine Ausstellung über das Leben von Jane Austen zeigt **The Jane Austen Centre** (40 Gay Street, www.janeausten.co.uk, tgl. 9.45–17.30 Uhr, im Winter kürzer). Das **American Museum** beherbergt Kunst aus dem 17. bis 19. Jh. (Claverton Manor, www.americanmuseum.org, Di.–So. 12.00–17.00 Uhr).

AKTIVITÄTEN
Der große Bäderkomplex **Thermae Bath Spa**  umfasst mehrere Bäder sowie Wellness- und Beautybereiche. Man kann in das mineralreiche Wasser eintauchen, saunieren und vom Pool auf dem Dach den Blick über die Stadt und die Hügelketten genießen (The Hetling Pump Room, Hot Bath Street, www.thermaebathspa.com, tgl. 9.00–21.30 Uhr).

EINKAUFEN
Die **Milsom Street** mit Designerboutiquen, Buchläden und Schuhgeschäften ist eine von „Britain's Best Fashion Streets". **SouthGate** ist ein Open-Air-Shoppingcenter (www.southgatebath.com). Der **Bath Christmas Market** rund um Abtei und die römischen Bäder gehört zu den schönsten in Südengland (www.bathchristmas market.co.uk, Ende Nov.–Mitte Dez.).

HOTELS UND RESTAURANTS
Ein kleines Luxushotel auf einer Anhöhe über Bath ist € € € € **The Bath Priory**. Starkoch Michael Nizzero zelebriert im € € € € **Priory Restaurant** Sterneküche (Weston Road, Bath BA1 2XT, Tel. 01225 331922, www.thebathpriory. co.uk). Im Royal Crescent liegt das von John

---

Wood jun. erbaute € € € / € € **The Royal Crescent Hotel** mit Blick auf Royal Victoria Park oder Hofgärten (16 Royal Crescent, Bath BA1 2LS, Tel. 01225 82 33 33, www.royalcrescent.co.uk). € € / € **Brocks Guest House** ist ein in Anbetracht der Lage günstiges B & B (32 Brock Street, Bath BA1 2LN, Tel. 01225 33 83 74, www.brocksguesthouse.co.uk). Vegetarisches serviert € € **Acorn Vegetarian Kitchen** (2 North Passage, Tel. 01225 40 60 59, www.acornvegetariankitchen.co.uk), das € € **Bistro La Barrique** setzt auf lokale Produkte (31 Barton Street, Tel. 01225463861, www.bistrolabarrique.co.uk).

UNTERHALTUNG
Bar und Nachtclub ist **The Cork** – mit Cocktails und englischer Küche, Zeitungen und Pool-Tischen (11 Westgate Buildings, www.thecork.co.uk). Mit Livemusik und kühlen Drinks erfreut die **Central Bar** ihre Besucher (10 Upper Borough Walls, www.centralbarbath. co.uk). Hier oder im **Club The Earl of Manvers** (10 Manvers Street) beginnen die „Bathonians" gern ihr Wochenende.

INFORMATION
Bath Tourist Information Centre, Abbey Chambers, Abbey Churchyard, Bath BA1 1LY, Tel. 0844 847 52 56, www.visitbath.co.uk

③ Wells

Die kleinste Stadt Englands (10 000 Einw.) hat aufgrund der Kathedrale Stadtrechte. Der Name Wells bedeutet Quellen, die zum Teil am Bischofspalast sprudeln. Die Stadt ist ein Treffpunkt für Sammler und Liebhaber von Antikem.

SEHENSWERT
Die zwischen 1180 und 1260 erbaut **Wells Cathedral TOPZIEL** ist wohl das beste vollständig erhaltene Beispiel früher englischer Gotik (Cathedral Green, www.wellscathedral. org.uk, tgl. 7.00–18.00 Uhr). Seit dem 13. Jh. ist der **Bishop's Palace** Sitz der Bischöfe von Bath und Wells (The Bishop's Palace, www.bishopspalace.org.uk, Mi.–So. 10.00–16.00 Uhr).

MUSEUM
Archäologische und geologische Sammlungen werden im **Wells and Mendip Museum** gezeigt (8 Cathedral Green, www.wellsmuseum. org.uk, Ostern–Okt. Mo.–Sa. 10.00–17.00 Uhr).

EINKAUFEN
Ein Traum für Liebhaber von Antiquitäten, orientalischen Möbeln, Gartenmöbeln, Teppichen und Lampen ist **Somerset Antiques** (2 High Street, Shepton Mallet, www.somersetantiques.co.uk, Mo.–Sa. 10.00–17.00 Uhr).

HOTELS UND RESTAURANTS
Ein viktorianischer Landhaustraum ist das Hotel € €–€ € € **Beryl**; die Zimmer sind mit Antiquitäten ausgestattet (Top of Hawkers Lane, Wells, BA5 3JP, Tel. 01749 67 87 38, www. beryl-wells. co.uk).

Im Schatten der Kathedrale liegt das aus dem 15. Jh. stammende € € **The Crown at Wells and Anton's Bistrot**, ein Haus mit gemütlichen Zimmern (Market Place, Wells BA5 2RP, Tel. 01749 67 34 57, www.crownatwells.co.uk).

INFORMATION

Wells Visitor Information Service, Wells Museum, 8 Cathedral Green, Wells, Tel. 01749 67 17 70, www.wellssomerset.com

❹ Glastonbury

Glastonbury (8800 Einw.) lebt von der Artus-Legende – sogar Jesus soll hier gewesen sein und den Heiligen Gral mitgebracht haben. Auch Alt-Hippies und Esoteriker mögen die Stadt.

SEHENSWERT

Angeblich letzte Ruhestätte von König Artus und seiner Frau ist die **Glastonbury Abbey** (12. Jh.); im Sommer bevölkern kostümierte Mägde und Ritter die Ruinen (The Abbey Gatehouse, Magdalene Street, www.glastonburyabbey.com). Auch die Reste eines Kirchturms auf dem Hügel **Glastonbury Tor** (7. Jh.) werden mit der Artus-Sage verbunden (www.glastonburytor.org.uk; tgl. Sonnenauf- bis Sonnenuntergang).

HOTEL

Die einstige Sommerresidenz der Äbte von Glastonbury wurde zum € € **Meare Manor** mit Himmelbetten (60 St Mary's Road, Meare, Glastonbury BA6 9SR, Tel. 01458 86 04 49, www.mearemanor.co.uk).

VERANSTALTUNG

Das **Musikfestival** von Glastonbury ist das größte Open-Air-Fest Europas und findet auf dem Weideland von Michael Eavis statt (www.glastonburyfestivals.co.uk).

UMGEBUNG

Der **Exmoor-Nationalpark** TOPZIEL (westl. außerhalb der Karte S. 96) ist für Hochmoor, Rotwild und Wildponys bekannt (Infozentren in Dulverton, Dunster, Lynmouth, www.visit-exmoor.co.uk). Es gibt über 1000 km öffentliche Wanderwege. Die Exmoor-Ponys gelten als Nachfahren der Wildpferde, die die Eiszeit überlebten. Die kleinen, wenig scheuen Tiere haben ein so dickes Fell, dass sie selbst Eiseskälte aushalten.
Dunster Castle (5 km südöstl. von Minehead) existiert seit über 1000 Jahren: Die Sachsen nutzten es als Fort gegen Wikinger und Kelten. Nach 1066 ging es in normannischen Besitz über. 600 Jahre war die Burg im Besitz der Lutrells. Zu sehen sind Ess- und Schlafzimmer aus dem 17. Jh. und die Stallungen. In den Türmen kann man bei Führungen verschiedene Fledermausarten entdecken (Tel. 01643 82 13 14, www.nationaltrust.org.uk, tgl. 11.00–17.00 Uhr).

INFORMATION

Tourist Information Centre, 9 High Street, Glastonbury BA6 9DP, Tel. 01458 83 29 54, www.glastonburytic.co.uk

Genießen   Erleben   Erfahren

DuMont Aktiv

In der Cheddar Gorge

Ein gutes Terrain für Kletterer sind die Mendip Hills in der Grafschaft Somerset. In der Nähe des Dorfes Cheddar liegt die größte Felsschlucht Großbritanniens: Die Cheddar Gorge ist 300 Millionen Jahre alt und etwa fünf Kilometer lang.

Schwindelfrei sollte man schon sein, wenn man sich die steilen Felsklippen links und rechts der Schlucht vornimmt, denn sie sind bis zu 250 Meter hoch. Angeboten werden Freeclimbing und Abseilen. Ein steiler, Himmelsleiter genannter Pfad („Jacob's Ladder") führt 236 Teppenstufen auf die Mendips hinauf. Hier bietet sich ein Blick bis nach Glastonbury, bei klarer Sicht sogar bis zum Meer.

In den gut ausgeleuchteten Kalksteinhöhlen klettert man hingegen in die Tiefe. Man lernt einiges über die Entstehung geologischer Schichten, über Stalaktiten und Stalagmiten. Die berühmteste Höhle ist Gough's Cave. Hier wurde 1903 das älteste vollständige menschliche Skelett Englands, der 9000 Jahre alte „Cheddar Man" gefunden. Die frühen Bewohner der Höhlen sollen angeblich Kannibalen gewesen sein. Cox's Cave ist kleiner und noch geheimnisvoller als Gough's Cave. Hier gibt es Seen mit reflektierenden Oberflächen und herrlich leuchtende Kalksteinformationen zu entdecken.

Weitere Informationen

Cheddar Gorge & Caves
Cheddar, Somerset BS27 3QF
Tel. 01934 74 23 43
www.cheddargorge.co.uk
April–Sept., tgl. außer bei Regen

Für Anfänger und Fortgeschrittene werden jeweils angemessene Klettertouren angeboten. Für nicht so Mutige und für Geologie-Interessierte wurde ein kleines Museum eingerichtet.

Die Natur ganz unmittelbar zu spüren, gehört zu den Reizen des Kletterns.

In der Cheddar Gorge geht es hoch hinauf.

Raue Küste, köstlicher Kern

Kontraste prägen die Grafschaft Devon. Brandung und meilenlange Sandstrände im Norden, und an der „Englischen Riviera" locken Palmen und das mediterrane Klima. Dazwischen breitet sich Bauernland aus – Basis einer längst wertgeschätzten Küche.

Die Kathedrale von Exeter ist von ausgedehnten Grün umgeben, dem Cathedral Close.

An der steilen Nordküste Devons bleibt für Hafenstädtchen wie Lynmouth (oben) nur wenig Raum. Gemütliche Pubs gehören in ganz England zum Leben dazu, etwa das „Olde Globe Pub" in Berrynarbor (unten links). Mit einem Ausflugsboot lässt sich von Dartmouth aus der River Dart erkunden (unten rechts).

Oftmals bleibt die hügelige Dartmoor-Landschaft hinter Nebelschwaden verborgen.

Donkey Sanctuary

Special

Altenteil für Langohren

In vielen Ländern der Welt gehören Esel als Lasttiere zum Alltag. Sie ziehen überladene Karren oder tragen Touristen. Die Tiere werden oftmals nicht ausreichend ernährt, bekommen zu wenig Ruhepausen oder sind sogar Opfer roher Gewalt oder Vernachlässigung.

1969 machte die Tierschützerin Elisabeth Svendsen die Öffentlichkeit auf das Leid der Esel aufmerksam und gründete in der Nähe von Sidmouth das Donkey Sanctuary. Nach dem meist langen Transport, der Quarantäne und tierärztlichen Behandlung werden die sensiblen Tiere auf Wiesen und Koppeln entlassen. Hier können sie sich erholen und ungestört grasen. Nach ein paar Wochen lassen sich die meisten Langohren gern wieder streicheln, gehen sogar auf die Menschen zu. Jüngere und gesunde Esel arbeiten als „Therapeuten": Kinder mit Behinderungen reiten auf ihnen – mit erstaunlichen Resultaten.

Im Sanctuary lebten seit der Gründung 14 500 Esel und Mulis. Meist sind 500 Tiere auf dem Gnadenhof untergebracht. In Irland und Großbritannien hat übrigens jeder Esel Anspruch auf einen Platz im Donkey Sanctuary. Neben Geldspenden und Patenschaften sind auch Adoptionen möglich. Viele Menschen haben auf diese Weise einem Esel ein liebevolles Zuhause gegeben. Der Eintritt ist kostenlos, eine kleine Spende sollte aber selbstverständlich sein (www.thedon keysanctuary.org.uk).

Eine Schafherde grast auf dem sattgrünen Plateau von Hartland Point an der Nordküste Devons. Am äußersten Punkt der Landspitze steht ein Leuchtturm. Hier trifft der Atlantische Ozean auf den Ärmelkanal, gibt es noch Meeresfrüchte im Überfluss. Die Wellen krachen an die Felsen, dunkel sind die Reste eines Schiffswracks zu erkennen. Die Luft ist erfüllt von Ozon, vom Tosen des Meeres, die roten Sandsteinklippen gleißen im Sonnenlicht. In der Ferne liegt Lundy Island, wo das beste Lammfleisch Englands erzeugt wird. An einem Kiosk wird Cream Tea mit Scones, Erdbeermarmelade und original Clotted Cream serviert. Das hübsche, nonstop überlaufene Fischerdorf Clovelly könnte der Fantasie eines Freizeitpark-Managers entsprungen sein. Am Ortseingang muss Eintrittsgeld bezahlt werden!

In Bideford, der nächstgelegenen größeren Stadt, ist die belebte Fußgängerzone gesäumt von Kaufmannshäusern aus dem 16. und 17. Jahrhundert. Damals war Bideford einer der größten englischen Handelshäfen für Tabak und Baumwolle. Auf dem Fluss Torrington schippern Ausflugsboote und an den Wochenenden locken Segelregatten viele Zuschauer ans Flussufer. Es sei denn, es herrscht schlechtes Wetter, das hier öfter zu Gast ist.

Wo einst die Segler aus Übersee lagen, machen heute Fischerboote und Unternehmungslustige fest: Quay Road im Barbican, dem alten Hafenviertel von Plymouth.

England schätzt Oldtimer,
auch auf dem Wasser.

Im Hafen von Plymouth wartet der Schiffer der
„Tamar Belle" auf Ausflugsgäste.

Bluebells, auch bekannt als Hasenglöckchen, überziehen im Frühjahr weite Flächen im Dartmoor.

Die „Zwillinge" Lynton und Lynmouth weiter nördlich, auch „Mini-Schweiz" genannt, sind durch eine Standseilbahn aus dem 19. Jahrhundert miteinander verbunden: Lynmouth liegt unten am Wasser, Lynton oben auf den Klippen. Ein Spaziergang zum Valley of the Rocks führt durch eine Herde inzwischen nicht mehr ganz wilder Ziegen.

In Ilfracombes Hafenbecken spritzt die Gischt wie Sodawasser. Boote tanzen unermüdlich auf den Wellen. Die Häuserfassaden sind verblasst und rissig, an der Uferpromenade reiht sich Frittenbude an Souvenirshop, Poolhalle an Kettenkarussell. Gleichwohl ist ein gewisses Etwas spürbar, lässt den Glanz aus Königin Victorias Zeiten ahnen, als Ilfracombe ein beliebter Badeort war. Die gelben Rosen in den Vorgärten blühten vielleicht damals schon.

Agatha Christies Heimat

Ganz anders zeigt sich die Südküste Devons mit den Badeorten Brixham, Paignton und Torquay. Sie wird wegen der Palmen und des ausgeglichenen, fast mediterranen Klimas als „Englische Riviera" bezeichnet. Die Krimi-Königin Agatha Christie wurde in Torquay geboren und verbrachte hier den Großteil ihres Lebens. Sie entlieh ihrer Geburtsstadt etliche Charaktere und Orte.

Die touristischen Angebote sind auf Familien ausgerichtet, die sich an den 30 Kilometer langen Sandstränden tummeln. Themenparks, GoKart-Bahnen, Gärten, Zoos – das Freizeitangebot ist schier unüberschaubar. Es gibt Familien, die seit Generationen ausschließlich hier ihren Urlaub verbringen.

Gummistiefel und Regenjacke

Kennen Sie das Spiel „Letterboxing"? Wenn nicht, können Sie sich im Dartmoor damit anfreunden. Es wurde hier erfunden und ähnelt einer Schnitzeljagd. Allerdings sollte man dabei wetterfest gekleidet sein. Denn: „Im Dartmoor regnet es an über 200 Tagen im Jahr, an den restlichen Tagen ist es neblig", behaupten die Bewohner des mit Farnen und Heidekraut bedeckten Nationalparks. Vielleicht wollen sie ihre zauber-

hafte Heimat auch einfach nur für sich behalten. Das Dartmoor gehört nämlich zu den schönsten und begehrtesten Urlaubszielen Südenglands. Die halbwilden Dartmoor-Ponys, die niemandem gehören, und das unter Denkmalschutz stehende ehemalige Zuchthaus von Princetown sind Hauptattraktionen.

Schifffahrt und Handel

Plymouth war und ist Marinestützpunkt, und regelmäßig liegen Kriegsschiffe vor Anker. Von hier nahmen 1620 die Pilgrim Fathers auf der „Mayflower" Kurs auf Neu-England. In den Gassen des elisabethanischen Viertels Barbican werden Angelzubehör und maritime Antiquitäten verkauft. Am Hügel Hoe schaut der Freibeuter Sir Francis Drake vom Sockel seines Standbildes auf den Hafen, von dem aus er seine Seefahrten startete.

> ## Das Dartmoor gehört zu den schönsten und begehrtesten Urlaubszielen Südenglands.

Im Hintergrund die Türme der Kathedrale, davor das moderne Einkaufszentrum
Princesshay: Exeter verschließt sich dem Fortschritt nicht.

Im Schatten der Kathedrale von Exeter: „Ship Inn Pub" in der Martin's Lane (oben links) und das „Café Viol" am Cathedral Close (unten rechts). Pubs säumen auch den alten Quay am River Exe (oben rechts). Mit klingendem Spiel beeindrucken Militärkapellen bis heute (unten links).

Wie Plymouth war auch Exeter im Zweiten Weltkrieg Ziel deutscher Bomber – die Erinnerungen an die Bombennächte sind hier immer noch so präsent wie etwa bei den Bewohnern von Dresden. Zerstört wurde eine Handelsstadt, in der Römer, Sachsen und Normannen gesiedelt hatten. Kaum betroffen war die Kathedrale, deren Bau im 12. Jahrhundert begonnen wurde – ihre imposante Westfront entstand aber erst 200 Jahre später.

Heute bekämpft der Stadtrat Arbeitslosigkeit und setzt auf Tourismus. Exeter kann auf eine wechselvolle Geschichte zurückblicken und ist vielleicht deshalb so lebendig. In den Gassen der Altstadt und auf der High Street herrscht stetes Getümmel – Galerien, Museen und Pubs erfreuen sich eines regen Zuspruchs. Auf dem Platz vor der Kathedrale ist Rasen betreten erlaubt: Hier, wo sich Studenten, Touristen und Einwohner begegnen, mutet Exeter schon fast wie eine Trendsetter-Metropole an.

Und nicht nur in Exeter kann man Devon auch schmecken. Gourmets haben die Grafschaft längst entdeckt: In den Cafés, Restaurants und auf den Bauernmärkten werden kulinarische Köstlichkeiten angeboten – biologisch angebauter Cider, regionale Biersorten, knuspriges Brot oder hervorragende Eiscreme aus der Milch glücklicher Kühe...

The Ladies of Crime

*Manchmal müssen sogar ältere Damen für Marketingmaßnahmen herhalten.
Zumal wenn sie klingende Namen tragen wie Agatha Christie, Daphne du
Maurier und Rosamunde Pilcher. Ein Teil der Südengland-Besucher kommt
nur ihretwegen. „Krimi-Tourismus" ist ein wichtiger Wirtschaftsfaktor.*

Die „Englische Riviera" war die Heimat von Agatha Christie, 1890 in Torquay geboren. Eine mörderische Tour zu 20 Krimi-Schauplätzen ist der „Literary Trail" entlang der Küste. Er führt vom Schauplatz der ersten Begegnung (mit Handkuss) zwischen Miss Marple und Hercule Poirot am Bahnhof von Torquay bis hin zu ihrem Feriendomizil Greenway House, wo mehrere ihrer Romane spielen.

Die Anreise zum Greenway House erfolgt stilgerecht in einem Bus aus den 1940er-Jahren, dessen Chauffeur Anekdoten über Agatha Christie zum Besten gibt, während er krachend die Gänge reinhaut. Der Bus rumpelt in verdächtig langsamem Tempo die Küste entlang und zwängt sich über enge, gewundene Wege bis vor das Portal des imposanten Landsitzes. Welch Luxus! Die Autorin pflegte einen privilegierten Lifestyle mit Gärtnerei, Bootshaus, Tennis- und Croquetplatz. Greenway ist Vorbild für etliche Szenen: ein Dutzend Verdächtige, eine Menge Hinweise, ein klassisches Motiv und am Ende die geniale Lösung – mit messerscharfem Verstand kongenial herausgetüftelt

von Miss Marple oder dem raffinierten Detektiv Hercule Poirot.

Heute ist Greenway House im Besitz des National Trust. Ehrenamtliche Mitarbeiter enthüllen bereitwillig biografische Details, etwa, warum Agatha Christie Giftmorde favorisierte (sie war im Ersten Weltkrieg Apothekenhelferin) und wohin sie in den Urlaub fuhr (sie begleitete ihren Ehemann, den Archäologen Max Mallowan, auf Exkusionen und brachte mitten im Ausgrabungsgetümmel „Mord im Orientexpress" zu Papier).

Herz und Schmerz

Die Darstellerinnen heißen Julia und Emma, in ihren Romanen wird gepicknickt und gesegelt, gezweifelt und gelogen. Bei Rosamunde Pilcher dreht sich alles um die menschlichen Abgründe. Der Schauplatz ihrer Geschichten ist durchweg Cornwall, obwohl sie selbst in Schottland lebt. International bekannt wurde die 1924 im kornischen Lelant geborene Offizierstochter durch Romane wie „Die Muschelsucher" und „September" – anspruchsvolle Spiegelbilder der englischen Mittelschicht.

Reisebusse karren ihre Fans (es sind in der Mehrzahl Frauen) zu den Original-Drehorten der Roman-Verfilmungen: lauschige Plätze wie die Bedruthan Steps (Picknickplatz), das Herrenhaus Prideaux Place bei Padstow (gern Privatsitz der Hauptfigur) oder das Custom House in Plymouth

Für Agatha Christie (linke Seite) war Greenway House, ihr Refugium am River Dart (oben), „the loveliest place in the world". Zum Tee bei Rosamunde Pilcher (unten).

Daphne du Maurier schrieb u.a. den Roman „Rebecca", der ebenso von Alfred Hitchcock verfilmt wurde wie ihre Kurzgeschichte „Die Vögel".

„Der Detektiv darf niemals mehr wissen als der Leser."

Agatha Christie

Daphne du Maurier zog es wieder nach
Bodinnick am River Fowey (oben). Der
alte Leyland-Bus (unten) bringt Besucher
zu Agatha Christies Greenway House.

Fakten & Informationen

Agatha Christie Vintage Bus Tour,
www.greenwayferry.co.uk, Abfahrt Belgrave Road bzw.
Cary Parade, Torquay, März–Okt. Di.–So. Hinfahrt 9.45
und 14.00 Uhr, Rückfahrt 13.15 und 17.30 Uhr

Greenway House, Greenway Road,
Galmpton, www.nationaltrust.org.uk/greenway

Agatha Christie Literary Trail,
www.englishriviera.co.uk/agathachristie

Daphne du Maurier Festival, Fowey: eine Woche im
Mai vielfältige Kultur und Literatur, www.dumaurier.org

Rundreisen auf den Spuren von Rosamunde Pilcher
durch Cornwall und Devon bietet u. a. die British Travel
Copany an, www.btco.de/rosamunde-pilcher-reisen.html

(meist ein Firmensitz). Die roman-
tischen Buchten von Porthreath
sind meist den Szenen für die Zwei-
samkeit vorbehalten. Im Hafen von
Charlestown bei St. Austell werden
die Segelszenen gedreht. Das ZDF hat
bereits 40 Pilcher-Verfilmungen gezeigt und in 28 Länder verkauft. Für
ihre Verdienste um den Tourismus in
Cornwall wurde Rosamunde Pilcher
2002 mit dem British Tourism Award
bedacht.

Mit Hitchcock zu Weltruhm

Der Regisseur Alfred Hitchcock ent-
deckte Daphne du Mauriers Potenzial
für psychologisch filigrane Hand-
lungsstränge und machte sie schließlich berühmt. Die 1907 in London
geborene Tochter eines Schauspielers
lehnte das gesellschaftliche Leben in
der Großstadt ab, denn sie konnte nur
in der Natur klar denken und kreativ
sein. Sie lebte im kleinen beschaulichen Bodinnick. „Hier habe ich die
Freiheit, zu schreiben, ... über die Hü-
gelkämme zu wandern, mit einem
Boot hinauszurudern, allein zu sein",
schrieb du Maurier, die 1969 von
Queen Elizabeth II. geadelt wurde.
Ihre Ehe zerbrach und sie bekannte
sich zu ihrer Partnerin Gertrude
Lawrence, mit der sie bis zu deren
Tod eine intensive Beziehung führte.
Daphne du Maurier starb in ihrem
Haus in Kilmarth. Die Asche der Ver-
storbenen wurde auf ihren eigenen
Wunsch hin in den Klippen hinter
ihrem Haus verstreut.

Cornwall lieferte den Stoff für
ihre Bücher, dort schrieb du Maurier
ihren ersten Roman. „The Loving
Spirit" („Der Geist von Plyn") wurde
schnell zum auflagenstarken Bestseller. Ihr berühmtester Roman ist
„Rebecca", der wie „Die Vögel" und
„Gasthaus Jamaica" von Regisseur
Alfred Hitchcock verfilmt wurde.
Die Erzählung „Don't look now" bildete die literarische Vorlage für den
preisgekrönten Film „Wenn die Gon-
deln Trauer tragen". Das für Corn-
wall-Liebhaber wichtigste Buch ist
„Vanishing Cornwall" („Mein Cornwall"). Du Maurier beschreibt darin
in den 1960er-Jahren ein im Wandel
begriffenes Land, das man aber noch
heute unzweifelhaft wiedererkennt.

Am Bahnhof von Torquay empfing Miss Marple einst den „belgischen Schnüffler" Hercule Poirot.

Vielfalt zwischen zwei Meeren

Moore, Klippen, Sandstrände, Fischerdörfer und Großstädte – Devon ist geologisch, historisch und kulturell die abwechslungsreichste Grafschaft Südenglands, eine Landschaft der Kontraste, die Zeitreisen zu Schiffswracks genauso ermöglicht wie den Genuss von ökologisch angebautem Apfelwein.

1 Lynton

Reetgedeckte Häuser, traditionelle Pubs und Tea Rooms, an der Küste eine tolle Brandung und flach ins Meer fallende Sandstrände, perfekt für Familien, Surfer und Wanderer, prägen die Nordküste der Grafschaft.

SEHENSWERT
Die „Zwillingsstädte" Lynton und Lynmouth verbindet seit 1890 eine durch Wasserballast angetriebene **Standseilbahn**. Sie überwindet auf 263 m einen Höhenunterschied von 150 m.

EINKAUFEN
Glasverarbeitung hat in Great Torrington eine lange Tradition. Bei **Dartington Crystal** lassen sich die Glashandwerker bei ihrer Arbeit über die Schultern sehen (Linden Close, Great Torrington südl. Bideford, www.dartington.co.uk, Mo.–Fr. 9.30–17.00, Sa. 10.00–17.00, So. 10.00 bis 16.00 Uhr).

HOTELS
Am malerischen Hafen von Lynmouth liegt das gepflegte € € / € **The Bath Hotel** (Lynmouth EX35 6EH, Tel. 01598 75 22 38, www.bathhotel lynmouth.co.uk). Eine Jagdlodge von 1890 wurde zu € € / € **Heddons's Gate Hotel**,

---

Tipp

Mit guter Führung

....

Exeter unternimmt große Anstrengungen, Besuchern einen Einblick in die Vergangenheit und Gegenwart der Stadt zu geben. Ein großartige Idee ist die Red Coat Guide Tour, eine kostenlose 90-minütige geführte Tour durch die Stadt. Die Guides tragen rote Blazer und sind daher leicht zu erkennen. Die tgl. Touren beginnen vor dem „ABode Exeter Hotel" auf dem Kathedralenvorplatz und am Besucherzentrum Quay House Visitor Centre am alten Hafenkai. Reservierungen sind nicht erforderlich.

---

ruhig und abgeschieden beim Valley of the Rocks (Martinhoe EX31 4PZ, Tel. 01598 76 34 81, www.heddonsgatehotel.co.uk).

UMGEBUNG
Im Hinterland liegt der **Exmoor National Park** (s. auch S. 83). Ein relativ untouristisches Juwel mit Cottages aus dem 16. Jh. ist **Berrynarbor** östl. von Ilfracombe. **Croyde** weiter südl. mit herrlichem Strand und Klippen mit Küstenpfad lädt zu Wandertouren ein. **Clovelly** auf dem Weg nach Hartland Point kann man nicht mit dem Auto, sondern nur zu Fuß oder auf dem Eselrücken erreichen.

INFORMATION
North Devon Tourist Information, www.northdevon.com

2 Exeter

Der Verwaltungssitz der Grafschaft Devon (120 000 Einw.) geht auf eine römische Gründung (um 50 n. Chr.) zurück, errichtet anstelle einer keltischen Siedlung. 1942 wurden Englands Kathedralen von deutschen Bombern angegriffen, doch keine zerstört. Nur die Kathedrale von Exeter verlor, knapp getroffen, ihre Fensterscheiben. Das Kathedralenviertel mit den Häusern aus der Tudorzeit ist ein Magnet für Mittelalterfreunde. Die römische Stadtmauer ist ebenfalls ein Highlight der Stadt.

SEHENSWERT
Englands wohl schönste gotische Kathedrale ist die **Exeter Cathedral** TOPZIEL (1220 bis 1290; 1 The Cloisters, www.exeter-cathedral. org.uk). Von der Kathedrale bis zum alten Hafenkai ist es nicht weit. Das einstige Zollhaus **Custom House** aus dem 17. Jh. ist das älteste Backsteingebäude. In der High Street steht mit der **Guildhall** (15. Jh.) das städtische Rathaus. Im **Quay House Visitor Centre** läuft der Film „Exeter, 2000 Years of History" (Historic Quayside; April–Okt. tgl. 10.00–17.00, sonst Sa., So. 11.00 bis 16.00 Uhr). Grusel garantiert eine Tour durch die **Underground Passages**; erkundet werden die Gänge unter der Stadt (2 Paris Street, www.exeter.gov.uk/passages).

Das gemütliche Dorf Berrynarbor

Der „Exeter Woollen Trail" führt zu Stätten der historischen Wollstoffindustrie, am „Exeter Medeval Trail" liegen interessante mittelalterliche Gebäude (www.exeter.gov.uk).

MUSEEN
Der 900 Jahre alte Flügel des Benediktinerklosters St. Nicholas Priory war u. a. das Zuhause der wohlhabenden Hearsts und gibt einen guten Einblick in Leben, Wohnkultur und Mode der Tudorzeit im 17. Jh. (The Mint, Fore Street, www.themint.org.uk, Mo.–Fr. 10.00 bis 17.00 Uhr). Das **Royal Albert Memorial Museum & Art Gallery** zeigt eine eindrucksvolle Sammlung über Naturkunde und Archäologie der Region und illustriert das Leben im alten Exeter und in Devon (Queen Street, www.rammuseum.org.uk, Di.–So. 10.00–17.00 Uhr).

EINKAUFEN
Exeter besitzt den Status einer „Fairtrade City". Viele Geschäfte, Restaurants und Cafés verkaufen Fairtrade-Produkte. **Princesshay** ist ein großes Shoppingcenter in der Stadtmitte

Einen märchenhaften Anblick bieten die moosbewachsenen Bäume und Felsen im Dartmoor (oben links). Der Torquay Pavilion, 1912 als Konzerthalle eröffnet, ist heute ein Shopping-Paradies (oben rechts). Hoch ragt der Leuchtturm am Plymouth Hoe auf (unten rechts).

mit mehr als 60 Shops. Am **Historic Quayside** überwiegen Geschäfte mit Antiquitäten und Kunsthandwerk. Große Ketten findet man im **Guildhall Shopping Centre** in der High Street.

HOTELS UND RESTAURANTS

Das schicke Stadthaus im georgianischen Stil gehörte einst einem Major, der für die Ostindische Handelsgesellschaft tätig war. Heute ist das € € **SouthernHay House** eine der schönsten Unterkünfte in Exeter, zentral im Kathedralenviertel gelegen (36 Southernhay East, Exeter EX1 1NX, Tel. 01392 43 53 24, https://southernhayhouse.com). Unmittelbar hinter der römischen Stadtmauer bietet das angenehme € € **Exeter Southgate Hotel** komfortable, moderne Zimmer und einen freundlichen Empfang (Southernhay East, Exeter EX1 1QF, Tel. 01392 41 28 12, www.mercure.com).

 Tipp

Pub-hopping Tudor Style

....

Viele Pubs und Bars Exeters stammen aus Zeiten, als Sir Francis Drake die Welt umsegelte. Butzenscheiben, steile Treppen und schiefe Wände sorgen für eine heimelige Atmosphäre. In der Nähe des Exeter Castle im ältesten Teil der Stadt liegt das „Old Timers and Wine Bar" (Little Castle Street), dekoriert mit einem Sammelsurium vom Hirschgeweih bis zu Rumfässern. Sir Francis Drakes' Lieblingskneipe war angeblich „The Ship Inn" (Martins Lane) im Kathedralenviertel. In der Nähe im „Tea on the Green" (Cathedral Yard) gibt es Mittagessen und Cream Teas. „Chaucer's Pub & Restaurant" (High Street) ist ein nettes Keller-Pub mit Chesterfield-Sofas.

VERANSTALTUNGEN

Unter dem Motto **Summer in the City** veranstaltet die Stadt von Anfang Juni bis Anfang Juli eine Reihe von Partys, Lesungen, Ausstellungen, Konzerten und Theateraufführungen. Von Nov. bis Febr. heißt es dann **Winter in the City** (Informationen auf www.exeter.gov.uk).

INFORMATION

Exeter Visitor Information & Tickets, Dix's Field, Exeter EX1 1GF, Tel. 01392 66 57 00, www.visitthedevon.co.uk

③ Torbay

Die Südwestküste Devons mit den Städten Torquay, Paignton und Brixham nennt sich Torbay (136 000 Einw.). **Torquay**, dessen Blüte in die viktorianische Ära (1837–1901) zurückreicht, leidet unter Überalterung. **Paignton** mit langem Strand und großem Unterhaltungsangebot ist bei Familien beliebt. In **Brixham** trifft man sich am Hafen, wo man frischen Fisch direkt vom Kutter kaufen kann.

SEHENSWERT

Torquays ältestes Gebäude ist das **Torre Abbey Historic House** (1196), urspr. ein Kloster, dann georgianisches Landhaus. Zu sehen sind eine der größten Kunstsammlungen Devons, die gut erhaltene Abtei und der schöne Garten mit von Agatha Christie gezogenen Pflanzen (The King's Drive, www.torre-abbey.org.uk, März–Juni Mi.–So. 10.00–17.00, Juli–Sept. tgl. 10.00–17.00 Uhr). Die Zeit scheint im **Greenway House** TOPZIEL in den 1950ern stehen geblieben zu sein; Agatha Christie verbrachte hier ihre Ferien (Greenway Road, Galmpton westl. Brixham, www.nationaltrust.org.uk/greenway, März–Okt. Mi.–So. 10.30–17.00 Uhr, Aug. auch Di.).

MUSEUM

Das **Torquay Museum** zeigt eine Dauerausstellung über Agatha Christie (529 Babbacombe Road, www.torquaymuseum.org, Mo.–Sa. 10.00–16.00 Uhr, Mitte Juli–Sept. auch So.).

AKTIVITÄTEN

Am Hafen von Torquay vereint der Freizeitpark **Living Coasts** eine Ausstellung zur Meeres- und Vogelwelt mit einem Küstenzoo und einem Naturschutzzentrum. Die Fütterungen der Pinguine und der Robben Grace und Oscar sind öffentlich (Beacon Quay direkt am Hafen, www.livingcoasts.org.uk, tgl. 10.00–17.00 Uhr).

EINKAUFEN

In der zauberhaften Fußgängerzone im Stadtteil St.Mary-Church bieten ausgesuchte Einzelhändler alles außer Massenware an.

HOTELS UND RESTAURANTS

Nostalgie verströmt € € € / € € **The Grand Hotel** mit unverbautem Blick über die Tor Bay; die klassisch-elegante Herberge bietet eine Erlebniswelt mit Sauna, Tennisplatz, Schönheitssalon und Pool. Im pompösen Hotelrestaurant € € € **Restaurant 1881** kommen regionale Produkte auf den Tisch. (Seafront, Torquay TQ2 6NT, Tel. 01803 29 66 77, www.grandtorquay.co.uk). Aus sechs umgewandelten Fischerhäusern besteht € € **The Quayside Hotel** mit engen Fluren, steilen Treppen, charmanter Atmosphäre und schönem Blick über den Hafen; € € € / € € **The Quayside Restaurant** serviert frischen Fisch, vom Kutter direkt vor die Küchentür geliefert (King Street, Brixham TQ5 9TJ, Tel. 0803 85 57 51, www.quaysidehotel.co.uk). Im € € **The Orange Tree** werden klassische Küche mit modernem Touch sowie tolle Weine serviert (14 Parkhill Road, Torquay, Tel. 01803 21 39 36, www.orangetreerestaurant.co.uk).

INFORMATION

English Riviera Tourism Company, Princess Theatre, Torquay TQ2 5EZ, www.englishriviera.co.uk

④ Plymouth

Die Stadt der Seefahrer und des Wassersports (258 000 Einw.) ist Standort der königlich-britischen Marinewerft. Im 13. Jh. als Sutton erstmals genannt, erlangte Plymouth im 16. Jh. als Hafenort Bedeutung. Von hier segelte die britische Flotte der spanischen Armada entgegen. An den Mayflower Steps im Sutton Harbour traten 1620 die puritanischen Pilgrim Fathers ihre Reise nach Amerika an, nahmen im 16. Jh. die Expeditionen von Sir Walter Raleigh und Sir Francis Drake, 1768 die von James Cook ihren Ausgang. Der 23 Stunden dauernde deutsche Bombenangriff 1941 wird im **Dome** nachgestellt.

SEHENSWERT

Zwischen dem Marinebereich der Great Western Docks und dem als Jachthafen genutzten Sutton Harbour erhebt sich eine Landzunge mit der **Royal Citadel** (bis 1666) und dem **Parkhügel Hoe**. Schöne Ausblicke auf den Hafen bietet ebenfalls der Leuchtturm **Smeaton's Tower** (1882; tgl. 10.00–17.00 Uhr).

MUSEEN

Einen spannenden Blick in die Vergangenheit bietet das 1607 erbaute **Merchant's House**, urspr. Wohnhaus von Kapitän William Parker, mit Wohnkultur aus elisabethanischen Zeiten (33 St. Andrew Street, https://plymhearts.org, Sommer Di.–Sa. 10.00–17.00 Uhr). Kunst, Naturgeschichte und Archäologie der Region sowie des Alten Ägyptens zeigt das **Plymouth City Museum and Art Gallery** (Drake Circus, https://plymhearts.org, Di.–Fr. 10.00–17.30, Sa. 10.00–17.00 Uhr). Im größten Aquarium Englands, dem **National Marine Aquarium**, kann man den ganzen Tag verbringen; verschiedene Küsten- und Meereslandschaften sind perfekt nachgebildet (Rope Walk, Coxside, www.national aquarium.co.uk, tgl. 10.00–17.00 Uhr).

HOTEL

Gotische Architektur und große, liebevoll eingerichtete Zimmer findet man im € € € / € € **Duke of Cornwall Hotel**. An der Bar erfährt man, wie der perfekte „Gin and Tonic" gemixt wird (Millbay Road, Plymouth PL1 3LG, Tel. 01752 27 58 50, www.thedukeofcornwall.co.uk).

UMGEBUNG

Einblicke in das Gefangenenleben im 19. Jh. ermöglicht das **Dartmoor Prison Museum** (Princetown nahe Yelverton, www.dartmoor-prison.co.uk, Mo.–Do., Sa. 9.30–12.30, 13.30–16.30, Fr., So. 9.30–12.30, 13.30–16.00 Uhr). Die Hochmoorflächen des **Dartmoors TOPZIEL** (www.dartmoor.co.uk), jahrhundertelang royales Jagdgebiet, sind seit 1949 Nationalpark. Bekannt ist das Wandergebiet durch den Krimi „Der Hund von Baskerville" von Sherlock Holmes.

INFORMATION

Plymouth Mayflower, 3 The Barbican, Plymouth PL1 2LR, Tel. 01752 30 63 30, www.visitplymouth.co.uk

---

Genießen   Erleben   Erfahren

Auf Tarkas Spuren

DuMont Aktiv

Der „Tarka Trail" in Nord-Devon ist ein 120 Kilometer langer Wanderweg durch das Exmoor. Der Rundweg folgt der Lebensgeschichte der Romanfigur „Tarka der Otter" und beginnt und endet in Barnstaple.

In England ist der Roman „Tarka der Otter" von Henry Williamson ein viel gelesenes Kinder- und Jugendbuch. Die Handlung spielt 1927 und dreht sich um den Otter Tarka, der zwischen Ex- und Dartmoor lebte, daher auch die Bezeichnung „Tarka Country". Schonungslos erzählt Williamson die abenteuerliche Lebensgeschichte eines Otters, der am Ende im Kampf mit einem Jagdhund der Felljäger ums Leben kommt.

In Anlehnung an die Geschichte folgt der „Tarka Trail" der mutmaßlichen Wanderroute des Protagonisten durch bewaldete Flusstäler, Moore, Klippenlandschaften und über Sandstrände. Der größte Teil der Strecke führt durch die Flusstäler von Yeo und Tawn. Man sieht Bussarde, Reiher, Füchse, Rehe und Hasen. Im Frühjahr, der schönsten Zeit für einen Besuch, bedecken Primeln und wilde Osterglocken die Ufer der Flüsse. Königsfischer gleiten über die Wasseroberfläche und mit ein wenig Glück entdeckt man einen von Tarkas Nachfahren.

Zu empfehlen ist das Teilstück von Barnstaple nach Bideford über 14 Kilometer. Es folgt teilweise dem malerischen South West Coastal Path. Die Strecke kann problemlos mit Kindern und Hunden bewältigt werden, sowohl zu Fuß als auch mit dem Fahrrad. Der größte Teil führt entlang einer stillgelegten Bahnstrecke und hat kaum Höhenunterschiede. Gekennzeichnet ist die Route mit dem Logo von Tarka, einem Pfotenabdruck.

Weitere Informationen

Allgemeine Informationen über den „Tarka Trail": www.devon.gov.uk/tarkatrail
Fahrradverleih: Tarka Trail Cycle Hire, The Railway Station, Barnstaple, Tel. 01271 32 42 02, www.tarkabikes.co.uk

Biketrail Cycle Shop & Cycle Hire, The Stone Barn, Fremington Quay, Fremington, Nähe Barnstaple, Tel. 01271 372586, www.biketrail.co.uk

Wie könnte man die geheimnisvolle Moorlandschaft besser erkunden als bei einer Radtour auf Tarkas Spuren?

Am Ende
der Welt

„Kernow a'gas Dynnergh" steht
an den Straßen, wenn man nach
Cornwall kommt, „Willkommen
in Cornwall". Die Grafschaft mit
dem sanften Klima und dem
rauen Charme, den schroffen
Klippen, langen Sandstränden und
lauschigen Buchten streckt sich
wie ein Fausthandschuh in den
oftmals ruppigen Atlantik. Kleine
Häfen laden zum Müßiggang ein,
und an Land's End harrt das Ende
der Welt.

Nahe der Landspitze Lizards Point liegt
Kynance Cove mit seinem schönen Strand.

Vom „Camelot Castle Hotel" hat man einen guten
Blick auf Tintagel Castle und den Weg dorthin
(oben). In den 1930er-Jahren ließ der Millionär und
Artus-Bewunderer Frederick Thomas Glasscock
in Tintagel die King Arthur's Great Halls errichten,
in der der Artus-Sage gehuldigt wird (unten links).
Von der vermeintlichen Artusburg Tintagel Castle
blieben nur Reste (unten rechts).

Unter den Kuppeln verbergen sich künstlich angelegte Naturparadiese:
Eden Project bei St. Austell.

An der Nordküste Cornwalls liegen alle Orte ein wenig versteckt: der Surfertreff Newquay, das Künstlerdorf St. Ives, das malerische Padstow und auch Port Isaac mit seinen schmalen Gässchen und dem winzig kleinen Naturhafen. An den Hängen stehen die vom Wind weiß gewaschenen Häuser, unten am Hafen ziehen Fischer ihre Boote an Land, es gibt Fish & Chips auf die Faust – das alles ist Cornwall-Romantik. Der spektakulärste und gefährlichste Strand Cornwalls könnte der von Bedruthan Steps sein. Der Sage nach hat der Riese Bedruthan die großen am Strand liegenden Felsen als Trittstufen benutzt.

An der Südküste reichen Landspitzen weit ins Meer, an der Halbinsel Lizard sind die Kliffs noch kantiger als im Norden. Zwischen Mevagissey und Fowey, den beiden Postkartendörfern, liegen geschützte Buchten, versteckte Strände und Häfen seit mittelalterlichen Zeiten.

Legenden um König Artus

Der Norden Cornwalls heißt auch King Arthur's Land, mystisch und magisch sind die Adjektive, die in diesem Zusammenhang gern zur Anwendung kommen. Aber war die Burg von Tintagel wirklich Sitz von Artus' Tafelrunde?

Lebte der Zauberer Merlin in einer nahe gelegenen Höhle? Grundlagen für die Sage mögen fehlen. Wichtig ist das aber nicht. Die Legenden um den König, seine Geliebten und seine Ritter begleiten das Reisen in Cornwall auf faszinierende Weise.

Intensives Licht

Die krassen Gezeitenunterschiede in Cornwall ziehen und zerren an der Substanz der Küste. Bei Ebbe reichen die feucht glänzenden Sandstrände bis zum Horizont, bei Flut werfen sich die Wellen kraftvoll gegen die Kaimauern. Und in Cornwall ist das Licht besonders intensiv, Kontraste sind stärker, Farben leuchten satter, Weite erscheint tiefer. Das inspiriert Kunstschaffende, die sich in St. Ives, Mousehole, Lamorna und Fowey niedergelassen haben. John le Carré, der Autor der Spionageromane mit Landsitz in der Nähe von Land's End bekannte: „The magic of West Cornwall takes possession of me every time I return, and fills me with longing when I am far away from home."

Le Carré meinte sicher nicht die Landspitze, an der es nicht mehr weitergeht, den westlichsten Punkt Englands: Land's End ist die Geschichte des Selfmademillionärs Peter de Savary. Ihm gehört die gesamte Landzunge, die der

Wenn die „Fisherman's Friends" auftreten, wird es eng in Port Isaac –
das kleine Städtchen platzt dann regelmäßig aus allen Nähten.

Im Sommer bestimmt die Sportschifffahrt den Hafen von Padstow (oben). Cornwall ist ein Seafood-Paradies – Austern in „Bustophers Restaurant" in Truro (unten links), Seafood-Platte bei „Rick Stein" in Padstow (unten rechts).

In Cornwall ist das Licht besonders intensiv, Farben leuchten satter, Weite erscheint tiefer.

St. Michael's Mount war ursprünglich eine Klosterinsel (oben links). Auch Cornwall durchzieht der South West Coastal Path (oben rechts). Historische Themen kommen auf die Granitbühne des Minack Theatre (unten links). Gartenfreuden und Kunstgenuss finden im Barbara Hepworth Museum in St. Ives zusammen (unten rechts).

National Trust gern erwerben wollte, aber eine halbe Million Pfund zu wenig bot. Man reibt sich die Augen angesichts des schrillbunten Rummels mit Souvenirläden, Karussels und Fastfood-Buden. Vorbei an stillgelegten Zinnminen führt die Küstenstraße in Richtung St. Just, eines lieblichen kornischen Dorfes. Ein Straßenschild weist den Weg nach Cape Cornwall. Hier ist die Aussicht auf das Meer, auf Kliffs und Klippen schlichtweg atemberaubend.

Der Frühling kommt früh in Cornwall. Wenn in Deutschland noch Schnee liegt, blühen hier die Narzissen. Schon ab Februar bedecken sie etwa sechs Wochen lang wie dichte Teppiche zu Tausenden Wiesen und Straßenränder.

Urtümliche Häfen und trendige Surfertreffs, verwunschene Badebuchten und umtoste Klippen – all das ist Cornwall.

An der Küstenstraße zwischen Fowey und Mevagissey sind die allgegenwärtigen Baumhecken mit einer leuchtenden Farbenpracht aus Feuernelken, Schlüsselblumen und Hyazinthen überzogen.

Cornwall-Hype

St. Ives war einer der größten Fischereihäfen des West Country, betreibt zwar heute immer noch ein kleine Flotte von Fischerbooten, aber von Bedeutung ist der Wirtschaftszweig schon lange nicht mehr. Genau wie in Newlyn, Penzance, Padstow und vielen anderen Hafenstädten: Man setzt voll und ganz auf den Cornwall-Hype, der bei den Engländern eingesetzt hat. Anstatt ins Ausland zu fahren, machen sie Urlaub im eigenen Land. Außerhalb der Städte entstanden

Die Scilly-Inseln zeichnet ein außerordentlich mildes Klima aus. Hier gedeiht neben Fackellilien und üppigsten Fuchsien noch manch weiterer Gärtnertraum.

Bryher ist die kleinste und am wenigsten entwickelte Insel des Scilly-Archipels. Sie verfügt über karibisch anmutende Sandstrände, hat aber auch eine raue Seite, die sich in der Hell Bay präsentiert.

Die Scillys sind seit Jahrtausenden besiedelt, wie die bronzezeitlichen
Reste von Bant's Carn auf St. Mary's zeigen.

riesige kostenpflichtige Parkplätze, um den Verkehr aus den engen Gassen und Straßen herauszuhalten. Doch in den Sommermonaten ist nicht selten selbst dort kein einziger freier Platz mehr zu finden.

Wie die Heuschrecken fallen im Juli und August die Touristen in die kleinen Fischerorte ein, bevölkern die Häfen, schlemmen frischen Hummer aus Pappschalen und schlürfen Cream Tea. Sie schieben sich durch enge Gassen, vorbei an den Bäckereien mit Cornish Pasty, den Ateliers mit bunten Aquarellen und an dem Kitsch rund um König Artus. Urtümliche Häfen, trendige Surfertreffs, verwunschene Badebuchten und wind-

umtoste Klippen – das alles ist Cornwall. Aber wer die Region nur von ihrer ursprünglichen Seite kennenlernen möchte, sollte im Frühjahr oder Herbst herkommen.

Düstere Aussichten

Seit 1400 Jahren leben die Nachfahren der Kelten im sturmzerzausten Cornwall. Die Menschen hier reden nicht viel. Sie stehen an der Theke ihres Pubs, trinken ihr Bier und schweigen ins Leere. Seit der Fischerei die Heringsschwärme wegblieben und die letzte Zinnmine dichtmachte, ist die ärmste Grafschaft Großbritanniens vom Tourismus abhängig. Die Menschen haben sich

den Umständen angepasst. Sie arbeiten im Sommer, um im Winter leben zu können.

Sollten die Touristen nicht mehr kommen, ist Cornwall in seiner Existenz bedroht. Und niemand weiß, welche Folgen die derzeitige miserable wirtschaftliche Lage für die Einwohner der Grafschaft haben wird. Vielleicht hatte Daphne du Maurier ja eine Vorahnung, als sie 1967 ihren Roman „Vanishing Cornwall" schrieb. Sie beklagte darin das Verschwinden von Cornwalls Ursprünglichkeit. Doch diese könnte bald wieder zurückkehren, denn Fluch und Segen einer Rezession liegen meist dicht beieinander.

Die schönsten B & Bs mit Meerblick

Gemütlich, privat und sehr luxuriös

Meeresrauschen, Strand, Sonnenuntergänge, Möwen vor endlosem Horizont – wer sich seine perfekte Auszeit so vorstellt, der könnte in Cornwall seinem Urlaubstraum ein großes Stück näherkommen. Hier findet man Idylle pur! In den komfortablen Unterkünften gibt es keine aufgezwungenen Gespräche am Frühstückstisch, und auf dem Flur kommt einem kein anderer Gast im Schlafanzug entgegen, weil es nur ein Badezimmer gibt.

1 Mullion Cove

Das grandiose Mullion Cove ist ein Luxus-B & B an den Klippen der Südküste von Cornwall. In der Glenbervie Bar im Art-déco-Stil wird köstliches Bistro-Food angeboten. Und oben drauf gibt es durch die riesigen Fenster spektakuläre Ausblicke auf das Meer. Wenn es sehr warm ist, sorgt ein Sprung in den Swimmingpool für Erfrischung und wer mag, kann sich auf der Terrasse sonnen.

Mullion Cove,
Lizard Peninsula,
Cornwall TR12 7EP
Tel. 01 32 6 24 03 28
www.mullion-cove.co.uk

2 Sentry Mead

Nur 100 m vom tosenden Meer entfernt liegt das viktorianische Landhaus mit elf kuschelig-eleganten Zimmern, in denen sogar der begleitende Vierbeiner willkommen ist. Besondere Beachtung verdient das frisch zubereitete Frühstück. Gäste können zwischen Eggs Benedict, Croissant-Sandwiches, geräuchertem Lachs, Räucherhering, gebackenem Schinken sowie einem deftigen englischen Frühstück wählen. Und als Betthupferl genießt man die farbenprächtigen Sonnenuntergänge wie aus dem Bilderbuch.

Sentry Mead
Madeira Road
Totland Bay, Isle of Wight
PO39 0BJ
Tel. 01 98 3 75 32 12
http://sentrymead.co.uk

3 The Old Coastguard

Diese Luxuspension hat eine atemberaubende Lage hoch über dem pittoresken Hafen von Mousehole. Einzigartig ist der Blick auf den palmenbestandenen Garten, der bis zum Meer reicht, auf St. Michaels Mount und die kleine vorgelagerte Insel St. Clement. Die 14 Zimmer, einige mit Balkon und Terrasse, sind erstaunlich preisgünstig, genauso wie das exzellente Angebot des Restaurants. Die gegrillten Feigen mit Honig und Ziegenkäse sind ein wahrer Traum!

The Old Coastguard
The Parade, Mousehole,
Cornwall
Tel. 01 73 6 73 12 22, www.
oldcoastguardhotel.co.uk

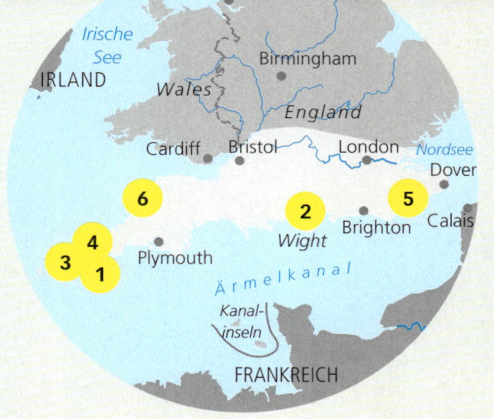

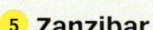

4 Halftides

Es gibt nur drei mittelgroße Zimmer in dieser Unterkunft, allesamt lichtdurchflutet, mit weiß getünchten Wänden, allerfeinster Bettwäsche, modernen Bädern und einer tollen Aussicht auf Klippen und Meer. Die B & B-Wirtin Susie bereitet Gästen ein Bio-Frühstück zu, abends bittet sie gern zum Barbecue im herrlichen Garten, in dem es sich tagsüber auch prima entspannen lässt. Ein schmaler Privatweg führt hinunter zum Strand. Wer mag, kann sich von Susie ein kleines Lunchpaket mit Leckereien mitgeben lassen. Perfekt zum Relaxen! Wer die sportliche Herausforderung sucht, findet in unmittelbarer Umgebung Gelegenheit zum Reiten, einen Golfplatz sowie Surf- und Segelmöglichkeiten.

The Halftides
Helston, Cornwall
Tel. 01 32 6 24 19 35
www.halftides.co.uk

5 Zanzibar

Die elegante Stadtvilla birgt acht stylische Zimmer in unterschiedlichen Stilrichtungen: Zimmer „Südamerika" lockt beispielsweise mit einer Dschungeldusche, Zimmer „New York" ähnelt einem Penthouse in Manhattan. Das Meer liegt direkt vor der Haustür. Durch die Kooperation mit dem Feinschmeckerlokal Pier Nine kann auch Vollpension gebucht werden.

Zanzibar International Hotel, 9 Eversfield Place
St. Leonards-on-Sea
East Sussex, TN37 6BY
Tel. 01 42 4 46 01 09
www.zanzibarhotel.co.uk

6 The Beach

Das ist Neuengland in Altengland: superbreite Betten, großzügige Zimmer im Industrie-Design und moderne Bäder mit Wohlfühlduschen. Im Restaurant werden Produkte aus dem West Country verarbeitet. Die Zimmer zur Meerseite haben Terrassen oder Balkone mit Blick auf den Strand von Bude. Hier findet man den besten Beach-Break in ganz England!

The Beach
Summerleaze Crescent
Bude, Cornwall EX23 8HJ
Tel. 01 28 8 38 98 00
www.thebeachatbude.co.uk.

Am westlichen Ende Englands

Die Halbinsel Cornwall ist auf drei Seiten von Meer umgeben. Sie ist die einzige Region Englands, die von den Angelsachsen unbesiedelt und keltisch biieb. Vermehrt wird hier heute wieder Kornisch gesprochen, eine keltische Sprache, die dem Walisischen und dem Bretonischen ähnelt.

❶ Tintagel

Der Chronist Geoffrey of Monmouth beschrieb 1136 die Burg Tintagel und erklärte sie zur Residenz von König Artus, der hier um 500 gelebt haben soll. Pilger der Ritterromantik zieht es seither in das Dorf Tintagel (700 Einw.), das von den Artus-Memorabilia lebt.

SEHENSWERT
Der Geburtsort von König Artus ist der Sage nach **Tintagel Castle** (12. Jh.). Zwar sind die Ruinen, zu denen ein unbefestigter Fußweg führt, viel zu jung, doch die Geschichte hält sich hartnäckig (www.visitboscastleandtintagel.com; April–Sept. tgl. 10.00–18.00, Okt. tgl. 10.00 bis 17.00, sonst Sa., So. 10.00–16.00 Uhr).

HOTEL UND RESTAURANT
Das € € € € / € € **Camelot Castle Hotel** steht in erhabener Position mit Blick bis Trevose Head über den Ruinen von Tintagel; einige Zimmer haben Himmelbetten (Tintagel PL34 0DQ, Tel. 01840 77 02 02, www.camelotcastle.com).

❷ Padstow

Im Sommer ist Padstow ein sehr touristischer Fischerort (3200 Einw.) mit Andenkenläden und Eisbuden. Die Nebenstraßen des Hafens sind ruhiger. Und bei der „Obby Oss Parade" zur Begrüßung des Sommers im Mai sind die Einheimischen fast unter sich.

SEHENSWERT
Für einen Spaziergang zum verwunschenen elisabethanischen **Prideaux Place** (urspr. 16. Jh.) sollte Zeit sein – Drehort auch von Rosamunde-Pilcher-Filmen.

HOTELS UND RESTAURANTS
Einen tollen Blick über Meer und Hafen bieten viele Zimmer im € € € **The Metropole Hotel**. Im hoteleigenen € € € / € € **Harbour Restaurant** wird britische Küche serviert (Station Road, Padstow PL28 8DB, Tel. 01841 532486, www.the-metropole.co.uk). Das Gourmet-Imperium von Rick Stein umfasst Lokale, Hotels, Kochschulen und Delikatessengeschäfte in

Falmouth: sommerliches Dorado für Segler (oben links). Bunte „Obby Oss Parade" in Padstow (rechts)

Padstow und Falmouth. Sein € € € € / € € € **Seafood Restaurant** gehört zu den besten Fischlokalen Großbritanniens (Riverside, Tel. 01841 53 27 00, www.rickstein.com).

INFORMATION
Tourist Information Centre, Red Brick Building, North Quay, Padstow PL28 8AF, Tel. 01841 53 34 49, www.padstowlive.com

❸ Truro

Cornwalls Verwaltungshauptstadt (19 000 Einw.) ist seit 1876 Bischofssitz, hat Häuser aus dem 18. und 19. Jh. und bietet gute Einkaufsmöglichkeiten. Zur Zeit der Industrialisierung war die Stadt Hochburg für die Weiterverarbeitung von Zinn, Eisen und Tierhäuten.

SEHENSWERT
Die **Truro Cathedral**, zwischen 1880 und 1910 erbaut, gehört zu den jüngsten Kathedralen Englands. Unter Kunsthistorikern ist die Kopie des mittelalterlichen Baustils sehr umstritten (14 St Mary's Street, www.trurocathedral.org.uk, Mo.–Sa. 7.30–18.00, So. 9.00–17.00 Uhr).

MUSEUM
Das **Royal Cornwall Museum**, das älteste Museum der Grafschaft, zeigt u. a. Gemälde der Newlyn School (River Street, www.royalcornwallmuseum.org.uk, Di.–Sa. 10.00–16.45 Uhr).

UMGEBUNG
Der Küstenstreifen zwischen Fowey und Mevagissey ist eine Gegend von einsamer Schönheit. **St. Austell** besitzt eine berühmte Bierbrauerei. **Mevagissey** mit engen Gassen, malerischem Hafen und weißen Häusern ist ebenso attraktiv wie die Segelhochburg **Fowey**. Das **Eden Project** TOPZIEL (5 km nordöstl.) ist eine beeindruckende Öko-Attraktion. In fünf riesigen Gewächshäusern kann man von den Olivenhainen des Mittelmeers nach Kalifornien und weiter zum Regenwald reisen. Ein Pfad auf 50 m Höhe führt quer durch die Baumkronen.

Großer Wert wird auf die Nachzucht ausgestorbener Arten gelegt (The Eden Project, Bodelva, St. Austell, www.edenproject.com, tgl. 10.00–18.00 Uhr).
Weltumsegler wie Sir Francis Chichester starteten im Hafen- und Ferienort **Falmouth**, bekannt für seinen riesigen Naturhafen. Seefahrt und kornische Fischerei sind Themen des National Maritime Museum (Dicovery Quay, www.nmmc.co.uk, tgl. 10.00–17.00 Uhr).

INFORMATION
Truro Tourist Information, Municipal Buildings, Boscawen Street, Truro TR1 2NE, Tel. 01872 27 45 55, www.visittruro.org.uk

④ St. Ives

In dem Fischerort (11 200 Einw.) gründeten Ben Nicholson, Alfred Wallis und Christopher Wood 1928 eine Künstlerkolonie. Günstiges Leben und ein besonderes Licht zog die Maler hierher. Nicht zuletzt wegen der Filiale der Londoner Tate Gallery ist St. Ives bis heute bei Künstlern als auch Touristen beliebt. Die vier Strände gehören zu den schönsten und gepflegtesten in England. St. Ives nimmt seit Jahren an dem gärtnerischen Wettbewerb „Britain in Bloom" teil und konnte bereits mehrfach Goldmedaillen gewinnen.

MUSEEN
Die **Tate St. Ives** ist in einem spektakulären Gebäude mit Blick auf den schönen Porthmeor Beach untergebracht (Porthmeor Beach, www.tate.org.uk/stives, März–Okt. tgl. 10.00–17.20, sonst Di.–So. 10.00–16.20 Uhr). Daneben gibt es viele weitere Galerien. Eine Besonder-

Tipp

Fetter Sound

Die „Fisherman's Friends" sind einer der bekanntesten Shanty-Chöre Südenglands. Jeder der zehn Männer stammt aus Port Isaac. Sie sind Fischer, Handwerker, Hoteliers und Angehörige der Küstenwache. Mit kornischen Folksongs und teilweise selbst geschriebenen Shantys begeistern sie u. a. im Minack Theatre. Einen Chorleiter gibt es nicht, die Zehn kennen sich seit ihrer Kindheit und sind gleichberechtigte Chormitglieder. In der Töpferei von Fisherman's Friend Billy Hawkins (Bariton) probt die Gruppe bei einer Kiste Bier und studiert Neues ein.

INFORMATION
In den Sommermonaten treten die „Fisherman's Friends" Fr. um 20.00 Uhr am Hafen von Port Isaac auf. Weitere Termine und Informationen unter www.thefishermansfriends.com

Zeugen aus der Frühzeit, Isles of Scilly (links)
Cornwall, wie man es aus den Filmen von Rosamunde Pilcher kennt: St. Austell (oben)

In den letzten 3000 bis 4000 Jahren versanken große Teile des Archipels, und zurück blieben über 100 kleine Inseln im Atlantik.

heit ist die 1920 eröffnete **The Leach Pottery** mit den besten Töpferarbeiten Cornwalls (The Stennack, www.leachpottery.com). Während des Zweiten Weltkriegs zog Barbara Hepworth (nach St. Ives. Das **Barbara Hepworth Museum** gibt Einblick in das Schaffen und das Werk einer der wichtigsten Künstlerinnen Großbritanniens des 20. Jhs.; im Museum und den Gärten sind Bronze-, Stein- und Holzskulpturen, Gemälde, Zeichnungen und Archivmaterial ausgestellt (Barbara Hepworth Museum & Sculpture Garden, Barnoon Hill, www.barbarahepworth.org.uk, März–Okt. tgl. 10.00–17.20, sonst Di.–So. 10.00–16.20 Uhr).

AKTIVITÄTEN
Angeln, private Charter und Bootsfahrten rund um St. Ives offeriert die **St. Ives Pleasure Boats Association** – entweder zurücklehnen und entspannen oder selbst segeln (Tel. 07773 00 80 00, www.stivesboats.co.uk)!

EINKAUFEN
In den engen Gassen von St. Ives reiht sich Atelier an Galerie an Souvenirshop. Meist handelt es sich um Kitsch, doch manchmal kann man ein nettes Unikat entdecken.

HOTEL UND RESTAURANT
Am Strand von Porthminster liegt das moderne € € € / € € **Primrose Valley Hotel** (Porthminster Beach, St. Ives TR26 2ED, Tel. 01736 79 49 39, www.primroseonline.co.uk). Im ambitioniert geführten € € € / € € **Porthminster Restaurant** nahe dem Strand wird mit Zutaten aus dem Garten gekocht (Porthminster Beach, Tel. 01736 79 53 52, www.porthminstercafe.co.uk).

INFORMATION
Tourist Information Centre, The Guildhall, Street-an-Pol, St. Ives TR26 2DS, Tel. 0736 79 62 97, www.stives-cornwall.co.uk

⑤ Penzance

An den Straßen stehen Palmen und Bananenstauden, die Parks und Gärten sind voller subtropischer Pflanzen. Früher war Penzance (21 200 Einw.) ein kleiner Fischerort, dann eine Hochburg der Piraterie und schließlich Exporthafen für Zinn aus den kornischen Minen. Im historischen Viertel locken die Chapel Street, die Abbey Street und die Quay Street mit Trödelläden, gemütlichen Teesalons und zünftigen Pubs. Am Hafenkai legt die Fähre zu den Scilly Isles ab.

SEHENSWERT
Morrab Gardens ist ein 12 000 m² großer öffentlicher Park mit mediterranen und subtropischen Bäumen und Pflanzen (tgl. Sonnenaufbis Sonnenuntergang, www.morrabgardens. org). Ein englisches Pendant zum französischen Mont Saint-Michel ist die vorgelagerte Insel **St. Michael's Mount**. Bei Flut ist die Insel vom Festland abgeschnitten, bei Ebbe auf einem Damm zu Fuß erreichbar. Die Insel war einst eine Benediktinerabtei. Die mittelalterliche Burg und Kirche auf St. Michael's Mount werden vom National Trust verwaltet, befinden sich aber in Erbpacht der Eigentümerfamilie St. Aubyn, die hier seit Mitte des 17. Jhs. lebt (www.stmichaelsmount.co.uk, je nach Gezeiten So.–Fr. 10.00–17.00 Uhr).

MUSEEN
Die **Newlyn Art Gallery** (New Road, Newlyn) und **The Exchange** (Princes Street, Penzance) vermarkten sich gemeinsam; die Galerien zeigen anspruchsvolle Ausstellungen von Werken zeitgenössischer Künstler aus dem In- und Ausland. Die Galerie in Newlyn hat ein Café mit Blick auf das Meer (www.newlynartgallery.co.uk, Di.–Sa 10.00–17.00 Uhr). Als Forum für die Künstler der Newlyn School fungiert **Penlee House Gallery & Museum** (Penlee Park, www.penleehouse. org.uk, Ostern–Sept. Mo.–Sa. 10.00–17.00, sonst Mo.–Sa. 10.30–16.30 Uhr).

HOTEL UND RESTAURANT
Lamorna Cove (7 km westl.) ist eine der schönsten Buchten in Cornwall. Hier liegt das € € € € / € € € **The Cove Cornwall Hotel** mit Luxusapartments und Feinschmeckerrestaurant (Lamorna, Penzance TR19 6XH, Tel. 01736 73 28 66, www.thelamornacovehotel.com).

UMGEBUNG
Eines der schönsten Stückchen Erde, die Landzunge **Land's End**, ist zu einem Touristenrummel verkommen. Den westlichsten Punkt Englands verschandelt ein großer Vergnügungspark mit Multimediashow, Streichelzoo und Souvenirshops (www.landsend-landmark.co.uk).
Mit tollem Blick über die Porthcurno Bay zeigt das **Minack Theatre** im Sommer Theateraufführungen und Livemusik (www.minack.com). In **Newlyn** (2 km südl.), einem kleinen Fischerhafen mit engen Gässchen, einer geschäftigen Hafenpromenade, Kunstgalerien, Pubs, Cafés und Läden, bildete sich 1880 die gleichnamige Künstlergruppe und malte das Alltagsleben der Fischer und Bauern. Zeitweise gehörten 130 Kunstschaffende der den Impressionisten zugerechneten Newlyn School an (bis 1949).

❻ Isles of Scilly

In den letzten 3000 bis 4000 Jahren versanken große Teile des Archipels, und zurück blieben über 100 kleine Inseln im Atlantik, 45 km westl. von Land's End. Nur fünf der nahezu autofreien **Isles of Scilly** TOPZIEL (2200 Einw.) sind bewohnt: St. Mary's, Tresco, St. Martin's, St. Agnes und Bryer. Das Auto bleibt auf dem Festland. Der Golfstrom sorgt für ganzjährig milde Temperaturen; selbst im Dez. blühen Narzissen.

HOTELS UND RESTAURANTS
Inmitten der im 16. Jh. im Zuge der Kriege mit Spanien errichteten Befestigungsanlage Garrison Hill liegt das € € € / € € **Star Castle Hotel**, dessen Zimmer Ausblicke auf das Meer und die anderen Inseln bieten. Aus der Offiziersmesse wurde das € € € / € € **Castle Restaurant** (St. Mary's, Isles Of Scilly TR21 0JA, Tel. 01720 42 23 17, www.star-castle.co.uk). 12 Zimmer und eine Familiensuite, dazu jede Menge guter Tipps bietet das € € **Isles of Scilly Country Guesthouse** (Sage House, High Lanes, St. Mary's, Isles of Scilly TR21 0NW, Tel. 01720 42 24 40, www.scillycountryhouse.com).
Eine bessere Lage für ein Restaurant kann es nicht geben: Man speist mit Blick über die Bucht von Porthloo, an schönen Tagen auf der Terrasse von € € **Juliet's Garden Restaurant** (oberhalb von Porthloo Beach, 15 Min. von Hugh Town, St. Mary's, Tel. 01720 42 22 28, www.julietsgardenrestaurant.co.uk).

INFORMATION
Tourist Information Centre, Porthcressa Bank, Hugh Town, St. Mary's TR21 0LL, Tel. 01720 42 40 31, www.visitislesofscilly.com

Ein herrliches Aktivziel

Segeln, Wandern, Reiten, Golfspielen, Windsurfen, Paddeln, Radfahren oder Tauchen – die Scilly Isles sind ein Paradies für Sportler und Naturliebhaber. Rund 100 Kilometer Wanderwege führen vorbei an Klippen und Stränden, durch Wälder und kleine Orte. Die Insel St. Mary's lässt sich locker an einem Tag umrunden.

Ausflugsboote fahren zu den über 900 Schiffswracks, die in den Gewässern rund um die Inseln liegen. Hier kann man tauchen und schnorcheln und bekommt neben den Wracks auch noch Seehunde und Delfine zu sehen. Zu den Highlights gehört das Wrack des Frachtschiffs „Cita", das 1997 vor St. Mary's sank. Immer noch hat es Gabelstapler, Autoreifen und Container an Bord. Vor St. Agnes liegen zwei Schiffswracks übereinander: Der Frachter „Plympton" lief 1909 in dichtem Nebel auf Grund. Elf Jahre später verunglückte die „Hathor" an exakt derselben Stelle und legte sich auf den Frachter. Die beiden Wracks bilden ein spektakuläres Tauchziel, zumal auf beiden Seiten der Schiffe große Riffs liegen.

Lohnend ist auch ein Ausflug zu den Seehund-Kolonien der Eastern Isles und der Western Rocks. Die Tiere sind kein bisschen scheu. Zudem gibt es Seevogelkolonien, Delfine, fliegende Fische und manchmal sogar Haie zu sehen. Unter Wasser wird man von Langusten, Taschenkrebsen, Weichkorallen und Anemonen begrüßt.

Weitere Informationen

Informationen über Natur und Aktivitäten auf den Inseln: www.ios-aonb.info und www.visitislesofscilly.com. Wracktauchen ist hier nichts für Anfänger. Man sollte sich von Könnern leiten lassen – z. B. von Mark & Susie Groves, „Nowhere", Old Town St. Mary's, Isles of Scilly TR21 0NH, Tel. 01720 42 27 32, www.islandseasafaris.co.uk, oder von Scilly Diving, Highertown, St. Martin's, Isles of Scilly TR25 0QL, Tel. 1720 42 28 48, www.scillydiving.com.

Eine Tour mit einem Seekajak, wie sie beispielsweise auf St. Mary's warten, ist ein faszinierendes Erlebnis.

Blick in den Kräutergarten von Sissinghurst Castle (oben), Seafood in Padstow (rechts oben), Eastbourne (rechts unten)

Service

Keine Reise ohne Planung. Auf den folgenden Seiten haben wir für Sie Wissenswertes und wichtige Informationen für Ihren Südengland-Urlaub zusammengefasst.

Anreise

Mit dem Flugzeug: Flüge nach England sind oft die günstigste und schnellste Reisemöglichkeit. London-Heathrow ist das größte internationale Drehkreuz mit Verkehrsanbindungen nach ganz England. Für Reisende mit Ziel Südengland bzw. Südostengland liegt der Flughafen Gatwick am günstigsten. London-Heathrow bietet sich als Zielflughafen für den Südwesten an, während Stansted nördlich von London liegt und daher nicht so ideal ist, wenn man in den Süden möchte. Viele Fluglinien steuern auch regionale Flughäfen wie Bristol, Bournemouth, Exeter, Southampton und Plymouth an.

Mit der Bahn: Der Hochgeschwindigkeitszug Eurostar (www.eurostar. de) verbindet Paris, Lille und Brüssel mit London St. Pancras. In der Grafschaft Kent kann man beispielsweise in Ashford und in Ebbsfleet aussteigen. Von Paris aus verkehrt der Eurostar regelmäßig zwischen 6.45 und 21.15 Uhr, die Fahrtzeit beträgt etwa 140 Min. Von Deutschland aus bietet sich der Thalys ab Düsseldorf und Köln an; in Brüssel steigt man dann in den Eurostar um (www.nationalrail.co.uk). Visit Britain bietet einen Bahnreisepass an, der flexibles und günstiges Reisen innerhalb Großbritanniens ermöglicht (www.britrail.com).

Mit dem Auto: Zur Einreise werden Führerschein, Fahrzeugschein und die Internationale Grüne Versicherungskarte benötigt. Die Anreise erfolgt entweder durch den Eurotunnel mit dem Eurostar oder mit der Fähre.

Mit dem Schiff: Die kürzeste Überfahrt erfolgt von Calais in Frankreich nach Dover in Südengland in 90 Min. bzw. mit dem SeaCat in 45 Min. (P&O Ferries, www.poferries.de). Auch von St-Malo, Cherbourg und Caen in Frankreich nach Portsmouth und Pool (Brittany Ferries, www.brittannyferries.de) sowie von Zeebrugge in Belgien und Rotterdam in Holland nach Hull (P&O Ferries, www.poferries.de) gibt es Fährverkehr. Wer das eigene Auto lieber zu Hause oder am Fährterminal lässt, kann die Fähre auch als Fußpassagier nutzen und nach der Ankunft in Großbritannien mit dem Zug oder einem Mietwagen weiterreisen.

Auskunft

In Deutschland: VisitEngland auf www.visit england.de, Britisches Fremdenverkehrsamt VisitBritain, Alexanderplatz 1, 10178 Berlin, Tel. 030 315 71 90, www.visitbritain.com.

Im Internet: Südostengland (www.visitsouth eastengland.com), Südwestengland (www.visit southwest.co.uk), Visit Bristol (www.visitbristol. co.uk), Visit Cornwall (www.visitcornwall.com), Visit Devon (www.visitdevon.co.uk), Visit Dorset (www.visit-dorset.com), The English Riviera Company (www.englishriviera.co.uk), Visit Hampshire (www.visit-hampshire.co.uk), Isles of Scilly Tourism (www.visitislesofscilly.com), Visit Kent (www.visitkent.co.uk), Visit Somerset (www.visitsomerset.co.uk), Visit Wiltshire (www.visitwiltshire.co.uk).

Autofahren

In England herrscht Linksverkehr, zudem sind die Straßen meist sehr eng. Das Einsteigen in das Auto auf der richtigen Seite ist ebenso gewöhnungsbedürftig wie die zahlreichen Kreisel (Roundabouts). In geschlossenen Ortschaften beträgt die Höchstgeschwindigkeit 30 mph (Meilen/Stunde; 48 km/h), auf Landstraßen 60 mph (97 km/h) und auf Schnellstraßen und Autobahnen 70 mph (113 km/h). In der Verkehrsüberwachung ist England weltweit führend. Das flächendeckend benutzte System heißt CCTV (Closed Circuit Television). Zudem ermöglicht ANPR (Automatic Number Plate Recognition) das automatische Auslesen von Nummernschildern. Informationen über Blitzer und Radarfallen mittels eines Navigationsgeräts sind in England nicht verboten. Vorsicht: In England kann auch von hinten geblitzt werden. Die Promillegrenze liegt bei 0,8. Rote und gelbe Markierungen am Fahrbahnrand bedeuten Park- und Halteverbot. Auch deren Nichteinhaltung wird mit hohen Bußgeldern und/oder Parkkrallen bestraft.

Autovermietungen gibt es in allen größeren Städten und an Flughäfen. Das Mindestalter für eine Anmietung beträgt 25 Jahre. Unbegrenzte Meilen, Vollkaskoversicherung (inkl. Diebstahlversicherung) und Haftpflichtversicherung sollten im Mietpreis enthalten sein. Ein Navigationssystem ist empfehlenswert.

Botschaften

Deutschland: British Embassy, Wilhelmstraße 70, 10117 Berlin, Tel. 030 20 45 70, www.gov.uk.
England: Deutsche Botschaft, 23 Belgrave Square, London SW1X 8PZ, Tel. 020 78 24 13 00, www.london.diplo.de.

Den Jaguar auf der Motorhaube: Engländer haben ein Faible für nostalgische Eleganz.

Preiskategorien

€ € € €	Hauptspeisen	über 35 £
€ € €	Hauptspeisen	20 – 30 £
€ €	Hauptspeisen	10 – 20 £
€	Hauptspeisen	bis 10 £

Österreichische Botschaft, 18 Belgrave Mews West, London SW 1X 8 HU, Tel. 020 73 44 32 50, www.bmeia.gv.at/botschaft/london. Schweizer Botschaft, 16 Montagu Place, London W1H 2BQ, Tel. 020 76 16 60 00, www.eda. admin.ch/london.

Essen und Trinken

Eine Reise nach Südengland ist auch eine kulinarische Entdeckungsreise. Und zwar im positiven Sinn! In vielen Restaurants wird eine moderne Küche à la Nigella Lawson oder Jamie Oliver serviert. Dafür sorgen regionale, frische Zutaten und Einfallsreichtum bei der Verarbeitung. Auf Bauernmärkten werden kulinarische Köstlichkeiten angeboten, häufig auch zum Mitnehmen oder zum spontanen Verzehr vor Ort. Wild aus dem Dartmoor, Scholle aus Brixham, Filetsteaks von Rotrindern aus den Mooren und eine Sauce mit Plymouth Gin sind nur eine kleine Auswahl aus all den verführerischen Gerichten, die Englands Süden anzubieten hat. Vor allem sind es jedoch drei Dinge, auf die man nicht verzichten sollte: Cream Tea, Cheddar und Cornish Pasties.

Cream Tea besteht aus den Komponenten Scones, Erdbeermarmelade, Clotted Cream und einer Kanne Tee. Die handwarmen Scones werden am Tisch aufgeschnitten und mit Clotted Cream, dicker Sahne aus Kuhmilchrahm (55 % Fett) bestrichen. Darauf verteilt man anschließend einen großen Klecks Erdbeermarmelade. Cornish Clotted Cream aus Cornwall hat eine fast butterartige Konsistenz.

Cheddar stammt aus dem gleichnamigen Ort in der Grafschaft Somerset. Heute wird guter Cheddar auf Käsefarmen produziert, und häufig können Besucher bei der Herstellung zusehen. Meist haben diese Farmen ein kleines Lokal, in dem Käse und Cider zur Verkostung angeboten werden. Sehr lecker ist beispielsweise eine überbackene Käseschnitte mit Worcester-Sauce und Rosenpaprika, ein typisch englisches Welsh Rarebit.

Als Zwischendurch-Snack eignet sich **Cornish Pasty**, entweder mit süßer oder mit herzhafter Füllung. Niemand kann mit Sicherheit sagen, woher die Blätterteigstückchen stammen. Allein, dass sie in Cornwall ihren Ursprung haben, ist unbestritten. Sie waren einst einzige Verpflegung der Bergleute, Fischer und Bauern auf der Arbeit. Das Pasty bestand meist aus zwei Taschen: eine für die Fleisch- und Kartoffelfüllung, daneben die für Apfelmus.

Das Gerücht, die **englische Küche** sei schlecht, hält sich beharrlich. Dabei ist es einfach, ein schlechtes Restaurant zu erkennen – ein Blick auf die Speisekarte reicht. Werden Grillplatten mit Pommes frites, Fish and Chips oder Chicken Kiev angeboten, sollte man weitergehen. Auf den Info-Seiten sind jeweils einige subjektive Restaurant-Empfehlungen zu finden.

Ein **Full english breakfast** besteht aus gebratenen Eiern, fettem Räucherspeck, kleinen Würstchen, aufgewärmten Champignons und einer Grilltomate. Wahlweise wird geräucherter Fisch anstelle des Specks und Haferbrei anstelle der Eier serviert.

Und natürlich begegnet man Colemans Senf und Chutney, Toffees und Fudges, Worcester-Sauce und Mintjelly, Cider und Wein. All diese Dinge gibt es in erstklassiger Qualität – und sie eignen sich bestens als **Souvenir**.

Internetseiten: www.cornwallfoodanddrink. co.uk, www.cornishpastyassociation.co.uk, www.visitsomerset.co.uk/food-and-drink

Feiertage

Feiertage: Neujahrstag (1. Jan., New Year's Day), Karfreitag (Good Friday), Ostermontag (Easter Monday), Maifeiertag (1. Mai-Mo., May Day Holiday), Frühlingsfeiertag (letzter Mai-Mo., Spring Bank Holiday), Sommerfeiertag (letzter Aug.-Mo., Summer Bank Holiday), 1. und 2. Weihnachtsfeiertag (Christmas Day, Boxing Day).

Info

Daten & Fakten

Geografische Lage: Südengland teilt sich auf in den Osten (Southeast, 8,5 Mio. Einw.) und den Westen (Southwest, auch West Country genannt, 5,3 Mio. Einw.). Mit Ausnahme der Großstädte Bristol, Bournemouth, Southampton, Portsmouth und Brighton ist Südengland ländlich geprägt. Mit über 1000 km besitzt der Südwesten die längste Küstenlinie aller Regionen in England. Der größte Teil des Südwestens ist eine Halbinsel zwischen dem Bristol Channel im Norden und dem English Channel (Ärmelkanal) im Süden.

Politische Gliederung: Das Vereinigte Königreich ist eine parlamentarische Monarchie. Königin Elisabeth II. ist das Staatsoberhaupt, der Premierminister ist Regierungschef. Gesetze werden von einem Parlament entworfen und verabschiedet. Cornwall ist das erste in Großbritannien geschaffene Herzogtum (Duchy of Cornwall); Eigentümer ist Prinz Charles (www.duchyofcornwall.org).

Bevölkerung: In Südengland leben knapp 14 Mio. Menschen. Dichtester Ballungsraum ist Bristol (420 000 Einw., Region 587 000 Einw.). Plymouth und Southampton haben jeweils eine knappe Viertelmillion Einw., Bournemouth hat 167 500 Einw., die gesamte Region inklusive Poole und Christchurch zählt 383 700 Einw.

Die anglikanische Church of England ist Amtskirche, aktiv aber auch die römisch-katholische Kirche. Einflussreich sind außerdem die Methodisten und die Reformierten. Einwanderer haben Islam, Hinduismus, Buddhismus sowie die Religion der Sikhs ins Land gebracht.

Wirtschaft: Im Südwesten sind Tourismus und Landwirtschaft (vor allem Milchwirtschaft) die wichtigsten Einnahmequellen. Cornwall wird als die ärmste Region in Großbritannien mit Geldern des Wirtschaftsförderungsprogramms der Europäischen Union unterstützt. Im Südosten ist das Pro-Kopf-Einkommen hingegen das zweithöchste nach London. Hier haben viele Technologie- und Computerfirmen ihre Sitze, darunter Microsoft, Oracle, Sun Microsystems und Vodafone.

Sprache: Amtssprache ist Englisch. Die Regionalsprache Kornisch ist mit dem Keltischen und dem Bretonischen verwandt und wird laut Volkszählung von 2001 von 3500 Menschen (etwa 0,6 % der Bevölkerung Cornwalls) gesprochen.

In der englischen Folklore-musik darf die Fiddle (Geige) nicht fehlen.

Auf der Promenade von Brighton

Geschichte

6500 v. Chr.: Der steigende Meeresspiegel überflutet den Englischen Kanal. Die Britischen Inseln entstehen.
3000–2500 v. Chr.: Stonehenge entsteht.
500 v. Chr.: Kelten siedeln in Großbritannien.
43 n. Chr.: Die Römer kommen. 410 ziehen sie sich wieder aus Großbritannien zurück.
50 n. Chr.: London wird gegründet.
596: Beginn der Christianisierung durch Augustinus von Canterbury.
866–877: Erste Invasionen der Wikinger, die vor allem in Nord- und Ostengland Fuß fassen.
1066: Normannische Invasion durch Wilhelm, den Herzog der Normandie. Die Normannenkönige herrschen bis 1154.
1086: Das Domesday Book, eine Übersicht der Land- und Besitzverhältnisse, wird für die normannischen Herren zusammengestellt.
1170: Erzbischof Thomas Becket wird in der Kathedrale von Canterbury ermordet – das Ende seines Konfliktes mit König Heinrich II.
1215: Die Magna Charta schreibt die Rechte von Adel und Kirche gegenüber dem König fest. 1265 tagt erstmals ein Parlament.
1337–1453: Hundertjähriger Krieg gegen Frankreich. Als späte Nachwirkung der Normannenherrschaft wird von den englischen Königen um die französische Thronfolge gekämpft. Die Plantagenet-Erben York und Lancaster ringen von 1455 bis 1485 um die englische Krone. Nutznießer sind letztendlich die Tudors, die bis 1603 die Könige stellen.
1558: Elisabeth I. (Tudor), Tochter Heinrichs VIII., wird die erste Königin von England.

1570: Sir Francis Drake bricht zu seiner ersten Reise in die Karibik auf.
1603–1714: Stuart-Dynastie, unterbrochen vom Englischen Bürgerkrieg und der Republik Commonwealth (1638–1660).
1714: Kurfürst Georg von Hannover wird englischer König, Sir Robert Walpole der erste „Prime Minister" Englands. Georgianisches Zeitalter (bis 1837).
1825: Eröffnung der ersten Eisenbahnlinie von Stockton nach Darlington.
1837–1901: Regentschaft von Queen Victoria (Viktorianisches Zeitalter).
1851: Weltausstellung in London.
1914–1918: Erster Weltkrieg.
1919–1921: Irischer Unabhängigkeitskrieg. Irland wird geteilt, Nordirland bleibt britisch.
1939–1945: Zweiter Weltkrieg.
1952: Krönung von Elisabeth II.
1973: England wird Mitglied der Europäischen Wirtschaftsgemeinschaft, die 1993 in der Europäischen Union (EU) aufgeht.
1994: Eröffnung des Eurotunnels.
2012: Olympische Sommerspiele in London, Segelwettbewerbe u. a. in Weymouth.
2014: England feiert den 450. Geburtstag von William Shakespeare.
2015: 125. Geburtstag von Agatha Christie.
2016: Die Mehrheit der Wähler stimmt bei einem Referendum für den Austritt des Vereinigten Königreichs aus der EU („Brexit").
2017: Premierministerin Theresa May übergibt dem Europäischen Rat den britischen Austrittsantrag.

Geld

In England wird mit dem **Pfund Sterling** (GBP) bezahlt. Es gibt Münzen von 1, 2, 5, 10, 20 und 50 Pence sowie 1 und 2 Pfund. Banknoten gibt es im Wert von 5, 10 und 50 Pfund. An den Bankautomaten der meisten Banken, in vielen Einkaufsstraßen und in Einkaufszentren kann problemlos Geld abgehoben werden.

Gesundheit

Bürger der Europäischen Union können sich kostenlos in einer der Notaufnahmestellen der Krankenhäuser des National Health Services (NHS) behandeln lassen. Die Nummer für Notfälle ist 999. Dennoch ist es unbedingt empfehlenswert, eine Auslandskrankenversicherung abzuschließen.

Öffnungszeiten

Geschäfte: meist Mo.–Mi., Fr. 9.00–18.00, Do. 9.00–19.00 (late night shopping), Sa. 9.00 bis 18.00, So. 11.00–16.30 Uhr.
Pubs: Mo.–Sa. 11.00–23.00, So. 12.00 bis 22.30 Uhr. Jugendliche zwischen 14 und 17 Jahren dürfen nur in Begleitung eines Erwachsenen in Pubs. Und das Trinken von Alkohol ist erst ab 18 Jahren gestattet.

Reisen mit Tieren

Die Einreise mit Tieren ist erleichtert worden. Hunde und Katzen, die aus einem anderen EU-Land ins Vereinigte Königreich eingeführt werden, müssen nicht mehr unter Quarantäne gestellt werden. Allerdings müssen sie mit einem Mikrochip ausgestattet sein und benötigen eine Impfung gegen Tollwut und eine Blutuntersuchung (www.travel4dogs.de).
Die Engländer sind in der Regel sehr tierfreundlich. An allen Stränden (manchmal allerdings auf die Morgen- und Abendstunden begrenzt) und in den meisten Hotels ist ein Hund stets gern gesehen.

Reisezeit

Das Klima in Südengland ist mild, von Mai bis Oktober scheint am häufigsten die Sonne. Im Winter friert es in der Region selten, es regnet aber häufig. Da die Engländer zunehmend im eigenen Land Urlaub machen – „Staycation" anstelle von „Vacation" –, sind beliebte Städte (etwa die Kathedralenstädte), die Fischerdörfer und die „Künstlerorte" an der Küste im Sommer stark überlaufen. Wer die Wahl hat, sollte es daher vermeiden, während der englischen und deutschen Schulferien hier Urlaub zu machen (www.halftermdates.co.uk).
Der Zeitunterschied beträgt minus eine Stunde. Genau wie Deutschland hat England eine Sommerzeit, daher bleibt der Zeitunterschied von 60 Minuten immer erhalten.

Souvenirs

In den Lebensmittelabteilungen der großen Kaufhäuser lockt eine Riesenauswahl von Gebäckdosen mit Clotted Cream Shortbread, hausgemachtem Toffee und Fudge, Tee und Marmeladen. Herzhafte Mitbringsel sind Mintjelly, Cumberland Sauce, Käsesortimente mit Cheddar, Portwein aus Bristol, Wein und Kettle-Chips (Kartoffelchips).
In Gartencentern (Stewarts, Klondyke, Homebase etc.) deckt man sich mit Accessoires wie Nistkästen, Gummistiefeln, Blumenzwiebeln, Gartenscheren, Picknickdecken, Fußmatten und Lambswool-Plaids ein. In Ateliers und Galerien gibt es schöne, preiswerte Drucke, Bilder, Zeichnungen und Kunsthandwerk.

Sport

Viele Sportarten wie Fußball, Rugby, Pferderennen, Cricket und Polo kommen urspr. aus England. Bei den Engländern sehr beliebt ist das Wandern, gefolgt von Angeln, Radfahren, Schwimmen und Golfspielen.
Surfen: Surfgebiete finden sich überall entlang der Küsten, beste Bedingungen bietet Newquay in Cornwall.
Wandern: Der ca. 1000 km lange South West Coastal Path erstreckt sich über die gesamte Halbinsel des Südwestens und ist einer der schönsten Wanderwege Englands (www.south westcoastpath.com).
Radfahren: Die Organisation Sustrans hat auf ihrer Internetseite die besten Fahrradrouten nach Regionen gegliedert (www.sustrans.org.uk).

Sprach- und Reitferien

Südengland ist perfekt geeignet, um in weiten grünen Landschaften gemütlich auszureiten und gleichzeitig die eigenen Englischkenntnisse aufzubessern. Daher werden Sprachferien gerne mit Reitferien verbunden. „Ride and Talk" haben viele Veranstalter im Repertoire; Sprach- und Reitunterricht sind auch separat buchbar.

Telefon

Polizei, Feuerwehr und Ambulanz: Tel. 999. Die **Landesvorwahl** für England ist die 0044. Das **Mobilfunknetz** ist sehr gut ausgebaut

Zum Weiterlesen

Der Garten von Sissinghurst Castle zieht jährlich über eine halbe Million Besucher an. **Vita Sackville-West** erzählt in **Mein Sommergarten** (Piper Verlag) von Rosen und anderen Sommerblumen. **Stolz und Vorurteil** (Aufbau Taschenbuch), **Jane Austens** Geschichte um die Familie Bennet, die ihre Töchter verheiraten möchte, spielt in Hampshire. **Elsemarie Maletzke** ist in **Mit Jane Austen durch England** (Insel Taschenbuch) den biografischen und literarischen Spuren Jane Austens gefolgt. **Ken Folletts** historischer Roman **Die Säulen der Erde** (Lübbe Verlag) spielt im mittelalterlichen England. **Wolfgang Hildesheimers Zeiten in Cornwall** (Suhrkamp Taschenbuch) ist herausragende biografische Reiseliteratur über die Landschaft und die Menschen Cornwalls. **Mein Cornwall: Schönheit und Geheimnis** (Insel Taschenbuch) von **Daphne du Maurier** ist ein Klassiker über Cornwalls Landschaften und Legenden. **Rebecca** (Fischer Taschenbuch) spielt im Herrensitz Manderley, der von zwei Häusern inspiriert ist: Milton und Menabilly, das sie 1943 von der Erlösen ihrer Buchverkäufe anmieten konnte. **Prinz Charles** zeigt in **The Prince of Wales: Harmonie, eine neue Sicht unserer Welt** (Riemann Verlag) auf, was jeder Einzelne verändern kann, um die Welt zu verbessern. **Heinrich Thies** beschreibt in **Ein König aus Hannover: Georg I. – der erste Welfe auf englischem Thron** (Matrixmedia Verlag), wie vor 300 Jahren ein deutscher Regionalfürst in Richtung England aufbrach, um zum mächtigsten Mann der Welt aufzusteigen. **Virginia Woolfs** Romanbiographie mit deutlichen Parallelen zur Familiengeschichte der Sackvilles beschreibt in **Orlando** (Fischer Taschenbuch) bald 400 Jahre im Leben Orlandos, der als Mann und Frau nach Abenteuern sucht. Das Sackville-Schloss Knole House ist Vorbild für den Sitz Orlandos. **Claus Belings** und **Heidi Ulmkes Bezauberndes Cornwall. Eine Reise zu den Schauplätzen der Rosamunde Pilcher-Filme** (Verlagsgesellschaft) ist das Buch zu den Filmen der ZDF-Reihe.

und bietet alle technischen Standards. Öffentliche **Telefonzellen** funktionieren mit Münzen oder Telefonkarte. Telefonkarten (ebenso wie Briefmarken) gibt es in den Postämtern und in Läden mit dem grünen Telefonkarten-Zeichen zu kaufen.

Trinkgeld

In den meisten Restaurants und Hotels ist das Trinkgeld (service charge) bereits im Preis enthalten. Sollte dies einmal nicht der Fall sein, schlägt man ungefähr 10 % des Rechnungsbetrags als Trinkgeld auf.

Tollkühne Männer ...

Der verrückte Bognor-Birdman-Flugwettbewerb findet jeden Sommer in Bognor Regis (Sussex), einem Badeort an der Südküste Englands, statt. Bei dem Wettbewerb wird versucht, vom Pier aus mit selbst gebasteltem Fluggerät eine möglichst weite Strecke zurückzulegen. Die „Vogelmenschen" von Bognor Regis mit ihren manchmal recht bizarren Flugapparaten sind ein Ereignis für die gesamte Region (www.bird man.org.uk).

„Bustopher's Restaurant" in Truros Lemon Street bietet täglich frischen Fisch.

Preiskategorien

€ € € €	Doppelzimmer	über 200 £
€ € €	Doppelzimmer	150 – 200 £
€ €	Doppelzimmer	100 – 150 £
€	Doppelzimmer	50 – 100 £

Unterkunft

Hotels: In Südengland gibt es für jeden Geldbeutel und Geschmack die passende Unterkunft, vom einfachen Guesthouse bis zum Schlosshotel. In den meisten Hotels und B & B-Pensionen ist das Frühstück inklusive. Die Website von VisitBritain hat ein Online-Buchungstool (www.visitbritain.com). Auf den Info-Seiten sind einige Tipps zu finden.

Bed & Breakfast: Ein Aufenthalt in einem B & B ist persönlicher als der in einem Hotel, allerdings gibt es zunehmend B & Bs, die teurer und edler sind als Landhotels. Die preiswerteren Unterkünfte haben oft noch Toilette auf dem Flur, und im Aufenthaltsraum läuft abends der Fernseher. Alleinreisende bekommen häufig extrem kleine Zimmer zugewiesen (auch in Hotels)! B & Bs mit Charme werden auf www. bedandbreakfastnationwide.com genannt, Luxus-B & Bs auf www.wolseylodges.com.

Ferienhäuser: Die Anmietung eines Ferienhauses (ab 50 £ pro Nacht) bietet sich bei längeren Aufenthalten an einem Standort an. Es gibt zauberhafte Cottages mit Reetdächern, Kamin und Garten, u. a. über die Internetvermittler www.mycottageholiday.co.uk, www. fewo-direkt.de oder www.devonfarms.co.uk.

Hausboote: Auch auf Wasserwegen ist Südengland zu entdecken, man sieht Seiten, die mit dem Auto verborgen bleiben. Der Spezialist Le Boat (www.leboat.de) hat zwei Büros an der Themse (Chertsey, Benson). Für den Kennet and Avon Canal vermittelt u. a. www.bath-narrowboats.co.uk in Bath. Die Hausboote können ohne Führerschein gefahren werden.

Hostels: Jugendherbergen eignen sich für Rucksackreisende. Die Unterkünfte (ab 10 £ pro Nacht) sind einfach und preiswert. Die meisten Jugendherbergen nehmen auch Nicht-Mitglieder auf (www.yha.org.uk).

Camping: Großbritannien ist Campingland. Jährlich zieht es Tausende auf Zelt- und Caravanplätze (ab 5 £ pro Nacht). Die Auswahl reicht von versteckten Waldplätzen bis zu professionellen Anlagen. Ein Beispiel in Cornwall ist der Trevornick-Campingplatz bei Newquay mit Blick auf die Bucht (www.trevornick.co.uk).

Strom: Die Netzspannung beträgt 240 Volt Wechselstrom bei 50 Herz. Für Steckdosen sind dreipolige Zwischenstecker bzw. Adapter notwendig.

Info

Wetterdaten Plymouth

	TAGES-TEMP. MAX.	TAGES-TEMP. MIN.	TAGE MIT NIEDER-SCHLAG	SONNEN-STUNDEN PRO TAG
Januar	9°	4°	18	2
Februar	9°	4°	14	3
März	10°	5°	14	4
April	12°	6°	10	6
Mai	15°	8°	9	7
Juni	18°	11°	7	7
Juli	19°	13°	8	7
August	20°	13°	8	7
September	18°	11°	10	6
Oktober	15°	10°	12	4
November	12°	7°	15	3
Dezember	10°	5°	17	2

So stellt man sich sein Feriendomizil vor: Port Isaac

Register

Fette Ziffern verweisen auf
Abbildungen

Impressum

4. Auflage 2018
© DuMont Reiseverlag, Ostfildern

Verlag: DuMont Reiseverlag, Postfach 3151, 73751 Ostfildern, Tel. 0711 45 02-0,
Fax 0711 45 02-135, www.dumontreise.de
Geschäftsführer: Dr. Thomas Brinkmann, Dr. Stephanie Mair-Huydts
Programmleitung: Birgit Borowski
Redaktion: Sabine Zürn, Wasserburg (Bodensee)
Text: Susanne L. Born, Hannover
Exklusiv-Fotografie: Franz Marc Frei, München
Titelbild: Felsklippen „The Needles" auf der Isle of Wight (laif/Barth)
Zusätzliches Bildmaterial: S. 5 o. Rennbahn Bath www.bath-racecourse.
co.uk, S. 5 u. iStockphoto/Laborer, S. 8/9 Bildagentur Huber/M. Rellini, S. 10/11
mauritius images/Alamy, S. 20 o. Dover Publications, S. 20 l. mauritius images/
Alamy, S. 20 r. Getty Images/UIG/Education Images, S. 21 mauritius images/
Alamy, S. 32 l. Glow Images/Superstock, S. 32 r. mauritius images/Loop Images,
S. 33 l. o. mauritius images/Westend61, S. 33 l. u. Shutterstock/kostolom3000, S. 33
r. o. Getty Images/T. Packer, S. 33 r. u. laif/Polaris, S. 37 r. Glow Images/Prisma,
S. 52 l. o. DuMont Bildarchiv/Holger Leue, S. 52 l. u. Schapowalow/4Corners/
J. Foulkes, S. 66 u. LOOK-foto/age fotostock, S. 67 o. iStockphoto/GeoffBlack, S. 78
und 79 Rennbahn Bath www.bath-racecourse.co.uk, S. 81 r. u. laif/REA/Paul Box,
S. 83 o. iStockphoto/Laborer, S. 92 picture-alliance/dpa, S. 93 l. picture-alliance/
Mary Evans Picture Library, S. 93 r. u. picture-alliance, S. 98 l. DuMont Bildarchiv/
Holger Leue, S. 98 r. u. Bildagentur Huber/M. Rellini, S. 110 l. Sentry Mead, S.
110 M. Laif/Loop Images/L. Pengelly, S. 110 r. o. Shutterstock, S. 110 r. u. Old
Coastguard Hotel, S. 111 o. Zanzibar Hotel, S. 111 u. The Beach, S. 116 r. u. LOOK-
foto/H. & D. Zielske, S. 118 l. DuMont Bildarchiv/Holger Leue
Grafische Konzeption, Art Direktion: fpm factor product münchen
Cover Gestaltung: Neue Gestaltung, Berlin
Layout: Cyclus · Visuelle Kommunikation, Stuttgart
Kartografie: © MAIRDUMONT GmbH & Co. KG, Ostfildern
Kartografie Lawall (Karten für „Unsere Favoriten")
DuMont Bildarchiv: Marco-Polo-Straße 1, 73760 Ostfildern,
Tel. 0711 45 02-266, Fax 0711 45 02-1006, bildarchiv@mairdumont.com

Für die Richtigkeit der in diesem DuMont Bildatlas angegebenen Daten –
Adressen, Öffnungszeiten, Telefonnummern usw. – kann der Verlag keine
Garantie übernehmen. Nachdruck, auch auszugsweise, nur mit vorheriger
Genehmigung des Verlages. Erscheinungsweise: monatlich.

Anzeigenvermarktung: MAIRDUMONT MEDIA,
Tel. 0711/4502-0, Fax 0711/4502-1012, media@mairdumont.com,
http://media.mairdumont.com
Vertrieb Zeitschriftenhandel: PARTNER Medienservices GmbH, Postfach
810420, 70521 Stuttgart, Tel. 0711/7252-212, Fax 0711/7252-320
Vertrieb Abonnement: Leserservice DuMont Bildatlas,
Zenit Pressevertrieb GmbH, Postfach 810640, 70523 Stuttgart,
Tel. 0711/7252-265, Fax 0711/7252-333,
dumontreise@zenit-presse.ce
Vertrieb Buchhandel und Einzelhefte: MAIRDUMONT
GmbH & Co KG, Marco-Polo-Straße 1, 73760 Ostfildern, Tel.
0711/4502-0, Fax 0711/4502-340
Reproduktionen: PPP Pre Print Partner GmbH & Co. KG, Köln
Druck und buchbinderische Verarbeitung: NEEF +
STUMME premium printing GmbH & Co. KG, Wittingen, Printed
in Germany

Lieferbare Ausgaben

Die Kanaren sind vom Klima begünstigt – beste Voraussetzung für herrliche Strandtage.

Hamburgs Herz pocht an Elbe und Alster.

Teneriffa
La Palma · La Gomera · El Hierro

Paradiesische Inseln
Sie wissen noch nicht wohin? Wir stellen Ihnen die Westkanaren ausführlich in Bild und Wort vor.

Exklusiv wohnen
Warum sich nicht mal etwas Besonderes gönnen, die besten Adressen auf Teneriffa und den kleinen Kanareninseln.

Wandern mit Aussicht
Unsere Favoriten – die neun erlebnisreichsten Wanderungen auf den westlichen Kanaren.

Hamburg

Deutschlands Tor zur Welt
Der Hafen ist das Aushängeschild der Hansestadt, aber Hamburg hat natürlich noch weit mehr zu bieten, wir präsentieren alle Highlights.

Urbane Visionen
Aus alten Hafenvierteln werden trendige Stadtteile. Erleben Sie das „neue" Hamburg.

Shopping hanseatisch
Hamburger Trend-Labels und Traditionshäuser, hier kaufen Sie zwar nicht günstig, aber gut!

www.dumontreise.de